日本の絶景
島旅

Beautiful Islands in Japan

| 島時間 |

島時間、という。
穏やかなゆるい時間の流れのなかでくつろぐ、といったイメージだろうか。
「こぢんまりとして、ささやか」という語感もある。
大陸ではない。島、なのだ。狭くて、小さい。
島は「閉鎖的」で、「開放的」だ。
島だから、周りは海。空は広い。
海は島を閉鎖し、同時に、水平線へと目を転じれば島はあっけらかんと開放されている。
自由と不自由が同居している。
それゆえ、島時間、からは、ふと「せつない気分」も一滴落ちてくる。
島に特有の、少し暗い歴史のせいもあろう。
陸地から離れた、孤高の気配のせいもあろう。
島時間は、旅人の孤独に似合う。
　　分け入っても分け入っても青い山
と詠んだ旅人種田山頭火は、死を覚悟しつつ、やさしい波の瀬戸内海を飽かず眺めた。
　　秋晴れの島をばらまいておだやかな
山頭火と並んで語られるやはり自由俳律の旅人尾崎放哉は、
最晩年、死に場所を求めて、小豆島に辿り着いた。
　　島から出たくもないと云って年とつてゐる
島旅のなかで、旅人はときどき、旅をやめて住みつきたくなる。
そこで一生を送りたくなる。
島時間の危ない誘惑だ。

慶良間諸島。ケラマブルーの海に大小20に及ぶ島が浮かぶ

地球新発見の旅
日本の絶景 島旅

目次

透き通る海と輝くビーチ

1. 奄美大島 鹿児島　あまみおおしま ……… 12
2. 与論島 鹿児島　よろんとう ……… 18
3. 石垣島 沖縄　いしがきじま ……… 22
4. 慶良間諸島 沖縄　けらましょとう ……… 28
5. 宮古島 沖縄　みやこじま ……… 32
6. 伊良部島 沖縄　いらぶじま ……… 38
7. 久米島 沖縄　くめじま ……… 40
8. 水納島 沖縄　みんなしま ……… 44
9. 父島 東京　ちちじま ……… 46
10. 新島 東京　にいじま ……… 50
11. 角島 山口　つのしま ……… 52

Column 1 島ランキング その1 大きい島は? 高い島は? ……… 54

神秘に満ちた森の島

12. 屋久島 鹿児島　やくしま ……… 56
13. 母島 東京　ははじま ……… 62
14. 西表島 沖縄　いりおもてじま ……… 66
15. 利尻島 北海道　りしりとう ……… 70
16. 御蔵島 東京　みくらしま ……… 72
17. 加計呂麻島 鹿児島　かけろまじま ……… 74
18. 隠岐島後 島根　おきどうご ……… 76

TOPIC 温泉アイランド

19. 式根島 東京　しきねじま ……… 80
20. 硫黄島 鹿児島　いおうじま ……… 81

Column 2 湖の島・川の島 海から離れた島めぐり ……… 82

鮮やかに。花の島

21. 能古島 福岡　のこのしま ……… 84
22. 礼文島 北海道　れぶんとう ……… 88
23. 八丈島 東京　はちじょうじま ……… 90
24. 伊豆大島 東京　いずおおしま ……… 94
25. 神津島 東京　こうづしま ……… 98
26. 飛島 山形　とびしま ……… 100
27. 淡路島 兵庫　あわじしま ……… 102
28. 因島 広島　いんのしま ……… 106
29. 沖永良部島 鹿児島　おきのえらぶじま ……… 108

TOPIC 猫の楽園島

30. 青島 愛媛　あおしま ……… 110
31. 真鍋島 岡山　まなべしま ……… 111
32. 田代島 宮城　たしろじま ……… 112
33. 江の島 神奈川　えのしま ……… 113

Column 3 ウサギの島 つぶらな瞳で人気急上昇中

34. 大久野島 広島　おおくのしま ……… 114

CONTENTS

海に多くの島が浮かぶ
- 35 松島 宮城 まつしま ... 116
- 36 九十九島 長崎 くじゅうくしま ... 122
- 37 英虞湾 三重 あごわん ... 126
- 38 しまなみ海道 広島／愛媛 しまなみかいどう ... 130
- Column 4 島ランキング その2 人が多い島は？島が多い県は？ ... 136

海を渡り祈りの島へ
- 39 厳島 広島 いつくしま ... 138
- 40 金華山 宮城 きんかさん ... 144
- 41 天草下島 熊本 あまくさしもしま ... 146
- 42 中通島 長崎 なかどおりじま ... 150
- 43 青島 宮崎 あおしま ... 154
- 44 久高島 沖縄 くだかじま ... 156

TOPIC 島の祭り
- 45 悪石島 鹿児島 あくせきじま ... 158
- 46 伊是名島 沖縄 いぜなじま ... 159
- 47 神島 三重 かみしま ... 160
- 48 姫島 大分 ひめしま ... 161
- Column 5 日本の端の島 東西南北。海に浮かぶ国の境 ... 162

島に残る歴史風景
- 49 端島（軍艦島）長崎 はしま（ぐんかんじま）... 164
- 50 佐渡島 新潟 さどがしま ... 168
- 51 猿島 神奈川 さるしま ... 172
- 52 塩飽本島 香川 しわくほんじま ... 174
- 53 壱岐 長崎 いき ... 176
- 54 対馬 長崎 つしま ... 180
- 55 祝島 山口 いわいじま ... 184
- 56 平戸島 長崎 ひらどしま ... 186
- 57 竹富島 沖縄 たけとみじま ... 190

TOPIC アートの島
- 58 直島 香川 なおしま ... 194
- 59 犬島 岡山 いぬじま ... 195
- 60 佐久島 愛知 さくしま ... 196
- 61 伊計島／宮城島／浜比嘉島／平安座島 沖縄 いけいじま／みやぎしま／はまひがじま／へんざじま ... 197
- Column 6 科学の島 鉄砲からロケットまで
- 62 種子島 鹿児島 たねがしま ... 198

島の名産を求めて
- 63 小豆島 香川 しょうどしま ... 200
- 64 焼尻島 北海道 やぎしりとう ... 204
- 65 粟島 新潟 あわしま ... 206
- 66 大崎下島 広島 おおさきしもじま ... 208
- 67 篠島 愛知 しのじま ... 210
- 68 見島 山口 みしま ... 212

TOPIC お取り寄せ！島グルメ ... 214

- にっぽん 島MAP ... 6
- 島旅ガイド ... 218
- INDEX ... 220

Beautiful Islands in Japan

海を越えて島旅へ。いますぐ行きたい厳選68島

にっぽん 島MAP
～北の島～

東海・北陸の島々

⑥⓪ 佐久島 →P.196

⑥⑦ 篠島 →P.210

④⑦ 神島 →P.160

③⑦ 英虞湾 →P.126

近畿の島々

②⑦ 淡路島 →P.102

中国・四国の島々

③⑨ 厳島 →P.138

⑥③ 小豆島 →P.200

⑤⑨ 犬島 →P.195

②⑧ 因島 →P.106

⑤⑧ 直島 →P.194

③⑧ しまなみ海道 →P.130

⑤② 塩飽本島 →P.174

③④ 大久野島 →P.114

③① 真鍋島 →P.111

⑥⑥ 大崎下島 →P.208

③⓪ 青島 →P.110

①⑧ 隠岐島後 →P.76

⑤⑤ 祝島 →P.184

⑥⑧ 見島 →P.212

①① 角島 →P.52

海を越えて島旅へ。いますぐ行きたい厳選68島

にっぽん 島MAP

～南の島～

沖縄の島々

8 **水納島**
→P.44

46 **伊是名島**
→P.159

7 **久米島** →P.40

44 **久高島**
→P.156

61 **伊計島／宮城島／浜比嘉島／平安座島**
→P.197

6 **伊良部島**
→P.38

4 **慶良間諸島** →P.28

5 **宮古島** →P.32

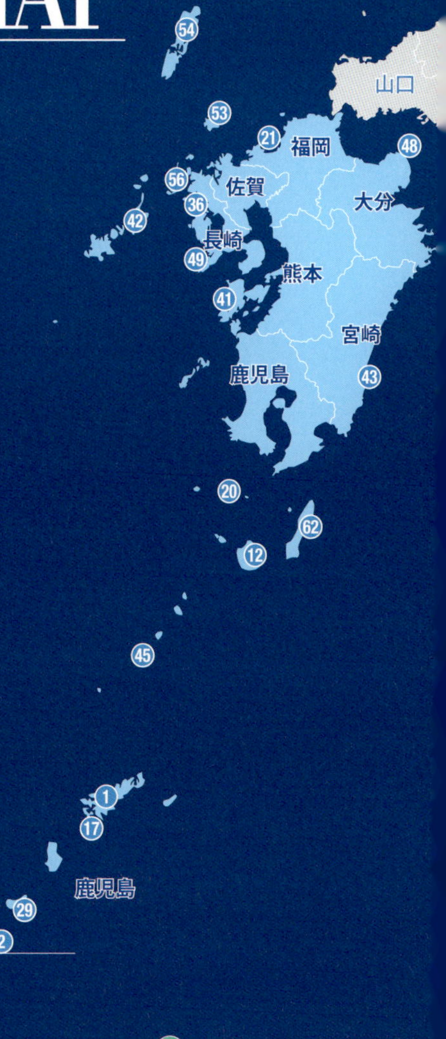

3 **石垣島** →P.22

14 **西表島** →P.66

(57) **竹富島**
→P.190

小笠原諸島の島々

9 父島 →P.46

13 母島 →P.62

九州の島々

54 対馬 →P.180

21 能古島 →P.84

53 壱岐 →P.176

56 平戸島 →P.186

48 姫島 →P.161

1 奄美大島 →P.12

42 中通島 →P.150

43 青島 →P.154

36 九十九島 →P.122

20 硫黄島 →P.81

17 加計呂麻島 →P.74

49 端島（軍艦島） →P.164

62 種子島 →P.198

29 沖永良部島 →P.108

12 屋久島 →P.56

2 与論島 →P.18

41 天草下島 →P.146

45 悪石島 →P.158

9
13

透き通る海と輝くビーチ

離島ならではの、天国のような美しい海と空を楽しむために南の島へ。
シュノーケリングなどを満喫したあとは、真っ白な砂浜でくつろぎのひととき。

1 奄美大島 12
2 与論島 18
3 石垣島 22
4 慶良間諸島 28
5 宮古島 32
6 伊良部島 38
7 久米島 40
8 水納島 44
9 父島 46
10 新島 50
11 角島 52

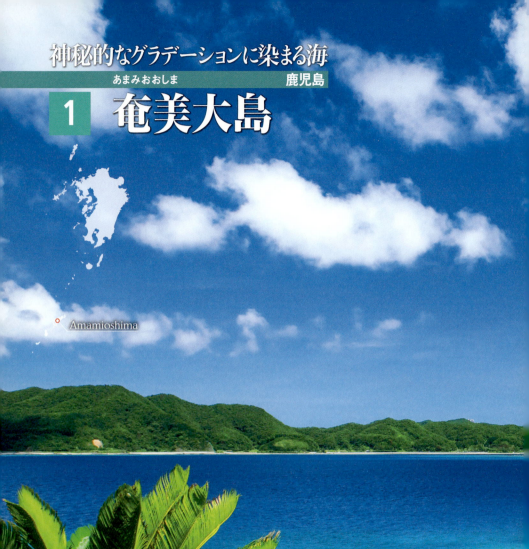

神秘的なグラデーションに染まる海
鹿児島

1 奄美大島
（あまみおおしま）

透き通る海と輝くビーチ ● 奄美大島

青い海と広い空、雄大な自然に囲まれた癒しの島

透き通る海と輝くビーチ ● 奄美大島

1 奄美大島 (あまみおおしま) 鹿児島

強い日差しと湿度が育む大自然
異名は東洋のガラパゴス

亜熱帯性気候に属すこの島は、豊かな水と潤いのある土壌によって育まれた自然が鮮烈。南国特有の明るく澄んだ海に面した数多のビーチも美しいが、特筆すべきは原生林の豊かさだ。国内最大のシダ植物であり生きる化石とも称されるヒカゲヘゴや、イタジイなどが茂り、島の動物たちのみならず、古くから人々の暮らしをも支えてきた。

太古の面影を残すジャングルは、天然記念物にも指定されるルリカケス、島の固有種であり絶滅が危惧されるオーストンオオアカゲラ、アマミノクロウサギ、キノボリトカゲなど希少な動物たちの楽園でもある。また、歴史的観点から見ても重要な島で、貝塚をはじめ先史時代からの史跡が残り、西郷隆盛が蟄居した島としても有名。

島データ

鹿児島県奄美市、大島郡龍郷町、大和村、宇検村、瀬戸内町
面積 約710㎢　**周囲** 約460km
人口 約6万人（平成28年5月）
最高地点 694m（湯湾岳）
問い合わせ先
奄美大島観光物産協会　☎0997-57-6233

アクセス方法

⚓ 鹿児島新港から**フェリー**で**約11時間20分**
✈ 鹿児島空港から**飛行機**で**約1時間10分**

最も便数が多いのは鹿児島からの飛行機で1日8便。沖縄、福岡、羽田、伊丹からもそれぞれ1日1便が運航している。船でのアクセスは、鹿児島〜那覇間を運航するフェリーや、神戸、大阪から那覇へ運航しているフェリーも利用できる。島内の移動はレンタカー利用がおすすめ。

！ひとこと情報　時間に余裕があるなら、島内の移動に路線バスを使うのもいい。乗り降り自由でお得な乗り放題券もある。

見どころ紹介
Place to visit

東側を見渡すと、喜界島がくっきりと見える

奄美十景に選ばれた景勝地
あやまる岬
あやまるみさき

丸い岬の形が綾織りの「まり」に似ていることが名前の由来という。岬の下は観光公園になっており、家族連れにも人気のスポットだ。

🚗 奄美空港から車で8分

公園には大型の遊具も設置されている

波と石の音が響きわたる海岸
ホノホシ海岸
ホノホシかいがん

荒波にもまれて角が削られた玉石が海岸を埋め尽くす。石がカラカラと音をたてて転がる様子はここならでは。周囲の奇岩と合わせて楽しみたい。

🚗 古仁屋市街地から車で30分

奄美大島には珍しく、荒波が打ち寄せる海岸だ

水平線に沈む夕日も美しい
大浜海浜公園
おおはまかいひんこうえん

白い砂浜と穏やかな海が広がる公園。海岸へ向かう途中にある見晴らし広場からの絶景も見逃せない。近海に生息する生物を展示・飼育する奄美海洋展示館もある。

🚗 名瀬市街地から車で20分

夕日や星空を見るためだけに訪れる人も多いという

通称ブルーエンジェル
土盛海岸
ともりかいがん

島の人々が「奄美で最も美しい」と太鼓判を押す海。白い砂浜からエメラルドグリーン、深い青へと変わるグラデーションが美しい。

🚗 奄美空港から車で5分

遠浅の海なので海水浴場としても人気が高い

焼内湾を見渡せる展望台
湯湾岳展望台
ゆわんだけてんぼうだい

奄美大島最高峰の湯湾岳にある展望台。駐車場から山を登ると360度のパノラマが広がる。焼内湾の夕景は奄美十景のひとつに数えられている絶景だ。

🚗 名瀬市街地から車で2時間

展望台までの道は足元が悪いこともあるので気をつけて

透き通る海と輝くビーチ ● 奄美大島

幻想的な森を散策する
金作原原生林
きんさくばるげんせいりん

天然亜熱帯広葉樹の原生林。国の特別天然記念物に指定されているルリカケスなど希少な生物も生息している。

✈ 名瀬市街地から車で30分

人の背丈をゆうに超す、巨大なヒカゲヘゴの群落は圧巻だ

マングローブカヌーとセットになったツアーも多い

神が立ち寄る神聖な場所
名瀬立神
なぜたちがみ

自然信仰としての象徴である小島。名瀬湾の随所から望むことができるが、見る場所によって形が変わって見える。

✈ 名瀬港の防波堤などから

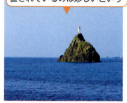
立神は各地にあるが、灯台が設置されているのは珍しいという

🍀 穏やかな気候で通年楽しめる　季節／時間

| 1 | 2 | 3 | 4 | 5 | 6 | 7 | 8 | 9 | 10 | 11 | 12 |

温暖多雨な亜熱帯性気候の奄美大島。年間を通して過ごしやすいが、海水浴やマリンスポーツを楽しむなら4〜10月がおすすめ。梅雨に入る5〜6月や、台風が多くなる9月は避けたい。観光やのんびり過ごすのが目的なら上記のハイシーズンを避けたほうが混み合わず過ごしやすい。真夏以外は朝晩冷え込むことがあるので羽織るものを持参したほうがよい。急な雨も多いので雨具も必須だ。

- ヒカンザクラ　1〜2月
- デイゴ　5〜6月
- タンカン　2〜3月
- グァバ　8月
- トビンニャ　11〜5月

お楽しみポイント

🍚 鶏飯（けいはん）
ご飯に鶏肉や錦糸卵、シイタケ、パパイヤ漬けなどをのせ、鶏でとったスープをかける。店ごとにスープの味や具材が異なるので好みの味を見つけたい。

🍚 豚味噌
炒めた豚肉と奄美の粒味噌をからめた奄美地方の伝統食。甘辛い豚味噌はそのままおつまみにするのはもちろん、おにぎりの具やお茶漬けにもぴったりだ。

📘 奄美の文化と自然を全力体感　モデルプラン

1日目 午前 飛行機で奄美大島に到着
到着はお昼頃。到着後はまず空港でレンタカーを借りる。事前にネット予約をしておくとスムーズだ。

1日目 午後 奄美大島についてよく知ろう
空港近くの奄美パークで奄美の自然や歴史、観光情報などをチェック。大島紬村で染物体験もできる。夜は希少な野生生物を観察できるナイトツアーへ。

2日目 午前 奄美大島の大自然を一日中満喫しよう
金作原原生林の散策とマングローブカヌーのツアーに参加。奄美大島の陸と海の両方を堪能できる盛りだくさんのツアーだ。動きやすい服装で参加しよう。

2日目 午後 昼の疲れを癒してくれる、おいしい食事を堪能
ディナーには奄美大島の伝統食や、旬の素材を使ったイタリアンなどを楽しみたい。黒糖焼酎も忘れずに。

3日目 午前 光がきらめく美しい海を眺めに行こう
土盛海岸やあやまる岬など空港方面の景勝地へ。太陽が高い午前中のほうは海は美しく見える。

3日目 午後 おみやげをゲットして、空港へ向かう
ばしゃ山村の島おこし市場などでおみやげを購入。

Column
奄美を愛した画家・田中一村
たなかいっそん

田中一村は明治41年（1908）、栃木県生まれの日本画家。50歳のときに奄美大島に移住し、大島紬の染色工として働きながら奄美大島の風景を描き続けた。パリからタヒチに移住したゴーギャンのように、南をめざしたことから「日本のゴーギャン」とも呼ばれる。奄美パークの一角には田中一村記念美術館、名瀬には終焉の家が残されており、ファンが見学に訪れるという。

❗ひとこと情報　街灯も少ない奄美は星の観察にもぴったり。晴れた夜には頭上に広がる「満天の星」を実感できるはず。

干潮とともに姿を見せる幻の百合ヶ浜

鹿児島

2 与論島
よろんとう

Yoronto

透き通る海と輝くビーチ ● 与論島

大潮の干潮時にのみ現れる百合ヶ浜は、与論島を代表する人気スポット。360度見渡す限り透き通った海が続く

透き通る海と輝くビーチ ● 与論島

2 与論島 （よろんとう） 鹿児島

出没自在な砂浜や、宙に浮かぶ舟 美しくて不可思議な絶景の宝庫

周囲約23kmの小さな島だが、ミステリアスな絶景の宝庫。CMでも話題になったイタリアのランペドゥーザ島同様、波風の穏やかな日にはボートがまるで宙に浮かんでいるように見える透明度の高い海、砂が真っ白で水が澄んでいることからハワイのカネオヘ湾よりも美しいといわれるサンドバーの百合ヶ浜など、話題を集める世界の絶景が国内で見られるとして、近年ますます人気を集める。

変化に富んだ海底風景が楽しめるダイビングをはじめ、ジェットスキー、ウインドサーフィン、スタンドアップパドルと海のアクティビティも盛ん。また、与論島は行政的には鹿児島県だが、沖縄本島の北の沖23kmの場所にあり、文化、暮らしは琉球圏。沖縄グルメも満喫できる。

島データ
鹿児島県大島郡与論町
面積 約21km²　周囲 約23km
人口 約5400人（平成28年4月）　最高地点 97m
問い合わせ先
ヨロン島観光協会　0997-97-5151

アクセス方法
- 那覇港からフェリーで約4時間50分
- 那覇空港から飛行機で約40分

与論島への交通手段はおもに飛行機で、鹿児島か沖縄経由。鹿児島空港からはJAC、那覇空港からはRACがそれぞれ1日1便運航。鹿児島空港からは所要約1時間20分。フェリーは複数社が運航しており、鹿児島新港からは20時間近い船旅になる。島内では北回りと南回りに周回する路線バスが各1日5便あり、タクシーやレンタカー、レンタサイクルも利用できる。

百合ヶ浜出現日を要チェック　季節／時間

1	2	3	4	5	6	7	8	9	10	11	12

年間平均気温は22.8℃と温暖な亜熱帯気候で、海で泳げるのは4〜10月頃。沖縄に比べると台風の直撃は少なく、夏場は晴れの日が続くが、スコールには注意。
名所である「百合ヶ浜」の出現予想日は観光協会WEBサイトで確認できるが、天候や海況により異なることもある。
梅雨 5月下旬〜6月下旬　台風 7〜9月　ビーチ 4〜10月

お楽しみポイント

かき氷

味咲（みさき）という食事処にあるかき氷は、ふわふわな氷と独特なネーミングセンスで観光客をほっこりさせる。人気メニューの「きむらのアホ」は黒蜜・きな粉・ミルクのやさしい味わい。

島内でのんびり滞在　モデルプラン

1日目
- 午前 ドライブで島を探索
  レンタカーで美しい海岸や展望スポットを巡る。途中、気になるお店を見つけたら食事休憩をとろう。
- 午後 オプショナルツアーなどで島を満喫
  各地で催されているオプショナルツアーに参加するのもおすすめ。宿の人に相談してみるのもよい。夕食前には、地酒「島有泉」で与論献奉を体験。

2日目
- 午前 グラスボートに乗って百合ヶ浜へ
  グラスボートからはウミガメが見られることもある。百合ヶ浜に着いたら、水遊びや写真撮影を楽しむ。
- 午後 世界有数の美しい海でダイビング
  サンゴやウミガメ、カラフルな魚に出会えるほか、海中宮殿や沈船など、ダイビングスポットも満載。事前にダイビングツアーを予約しておこう。

3日目
- 午前 空港近くの島の中心街へ
  茶花市街でおみやげを買おう。そこから徒歩圏内にある「ウドノスビーチ」で最後にのんびりするのもよい。
- 午後 お昼頃の飛行機で離島
  レンタカーを返却し、飛行機で沖縄から東京へ。

Column
映画『めがね』のロケ地

与論島が舞台の映画、『めがね』のロケ地巡りも人気観光のひとつ。映画の中心となった寺崎海岸は中心市街から離れているため、のんびり過ごすのに最適。レンタサイクルで気軽に訪れてみたい。

ひとこと情報　民宿はウドノスビーチに近い茶花地区をはじめ島内に点在。リゾートホテルはギリシャ風の「プリシアリゾート」が有名。

光によって色を変える美しい入り江

沖縄

3 石垣島
(いしがきじま)

透き通る海と輝くビーチ ● 石垣島

沖縄らしいエメラルドグリーンの海が見られる川平湾

絶景事典 photo by tokizo

石垣島の最北端にある平久保崎からの景色

石垣牛は、一年中青い豊かな牧草地で悠々と育てられている

赤瓦の古民家から三線の音色が響く、石垣やいま村

VOICE
見上げる星空が晴れていれば相当きれいです。石垣島天文台のむりかぶし望遠鏡見学がオススメ（Kame Astronomer）

3 石垣島 沖縄

各国の首相がうなった美食を楽しみ昼、夜、それぞれの絶景を愛でる

平成12年（2000）の沖縄サミットで首脳晩餐会のメインディッシュに供されたことで注目を集めた石垣牛をはじめ、ジューシーで芳醇な香りと甘みが特徴の石垣パイン、旨みとミネラルが豊富な塩、獲りたてをさばいて食す新鮮なメジマグロなど、石垣島はブランド食材の宝庫。おしゃれなカフェや郷土料理が食べられる素朴な食堂、隠れ家レストランなど、質の高い食事処も多彩にそろう。

もちろん、自然の豊かさ美しさも格別で、マンタが泳ぐサンゴの海や神秘的な鍾乳洞、探検気分が味わえるマングローブ林など挙げればキリがない。また、国立の天文台がつくられるほど夜空の美しい島としても知られ、圧巻の天の川や、季節によっては南十字星も見ることができる。

島データ

沖縄県石垣市
面積 約223km²　周囲 約162km
人口 約4万9000人（平成28年5月）
最高地点 562m（於茂登岳）
問い合わせ先
石垣市観光交流協会 ☎0980-82-2809

アクセス方法

✈ **那覇空港**から**飛行機**で**約50分**

玄関口は平成25年（2013）に完成した新石垣空港。那覇・石垣間は複数のキャリアが運航し1日17便と充実。羽田空港、関西国際空港、中部国際空港、夏季限定で福岡空港と、全国主要都市からも定期便が運航している。宮古島からも空路でアクセスできる。また、竹富島や西表島など八重山諸島への起点でもあり、離島ターミナルから各島へ高速船が運航している。島内の移動はアップダウンがあるためレンタカーやレンタバイクが基本。バスの1日フリーパスや周遊バスを利用してもよい。

空から石垣島を望む。島をぐるりと取り囲むサンゴ礁が美しい

ひとこと情報 新石垣空港は売店やフードコートが充実している。旅の締めくくりに沖縄料理を食べ、おみやげを買うのに最適な場所だ。

見どころ紹介
Place to visit

湾の真上にある展望台からの眺めは最高だ

石垣島を代表する観光スポット
川平湾
かびらわん

日本百景に選ばれるほど透き通った美しい海。遊泳は禁止だが、グラスボートで海中の熱帯魚やサンゴ礁を見ることができる。
🚗 新石垣空港から車で45分

石垣島最大の鍾乳洞
石垣島鍾乳洞
いしがきじましょうにゅうどう

20万年もの時をかけて自然が造り出した鍾乳洞。30分ほどで散策できる洞窟内は、トトロの形をした鍾乳洞や水が滴る水琴窟などが見どころ。
🚗 新石垣空港から車で10分

かつては海底だった証拠にシャコ貝などの化石も見られる

海を見渡せる人気の展望台
玉取崎展望台
たまとりさきてんぼうだい

石垣島の北東部にあり、太平洋と東シナ海、北側に広がる平久保半島を一望できる。展望台に向かう遊歩道には一年中花が咲き誇る。
🚗 石垣市中心部から車で40分

ハイビスカスなどの南国の花々を見ながら展望台をめざそう

八重山の文化を体験しよう
石垣やいま村
いしがきやいまむら

八重山の家並みを再現した日本最南端のテーマパーク。琉球衣装体験やサーターアンダギー作り、シーサーの色付け体験などもできる。
🚗 石垣空港から車で20分

6軒の古民家のうち、2軒は国の有形文化財に登録されている

カラフルな熱帯魚が泳ぐ
米原海岸
よねはらかいがん

波打ち際から近いところにサンゴ礁のリーフが広がり、熱帯魚が生息している美しいビーチ。潮の流れが速く遊泳禁止だが浅瀬で十分に楽しめる。裏手にはキャンプ場も併設。
🚗 石垣市中心部から車で30分

かわいらしい熱帯魚は種類も豊富

白い砂浜は広々としており、混雑も気にならない

透き通る海と輝くビーチ ● 石垣島

暖かく過ごしやすい南の島　季節／時間

| 1 | 2 | 3 | 4 | 5 | 6 | 7 | 8 | 9 | 10 | 11 | 12 |

一年を通して温暖な気候なので、冬でもマリンアクティビティを楽しむことが可能。ただし5〜6月は梅雨、7〜10月には台風がくることがあるので気象情報をチェックしておきたい。真夏に訪れる際には、日焼け対策を忘れずに。ハイビスカスをはじめとする南国の花は一年中美しい姿を見せてくれる。

パパイヤ 7〜9月　　ビーチパイン 4〜6月

お楽しみポイント

八重山そば
沖縄そばの一種である八重山そば。まっすぐで細めのそばにあっさりしたスープ、八重山かまぼこと細切りにした三枚肉をトッピングするのが一般的だ。

石垣牛
八重山郡内で生産・育成された黒毛和牛のこと。やわらかい肉質ととろける脂で人気の石垣牛は焼き肉やステーキのほか、にぎりにしていただくのもオススメだ。

石垣島の自然をたっぷり満喫　モデルプラン

1日目 午前　石垣島に到着
午前便の飛行機で石垣島に到着。レンタカーを借りて、石垣やいま村へ向かう。ランチには八重山そばを。

1日目 午後　島内をドライブしよう
レンタカーで川平湾、米原海岸、玉取崎展望台などを巡る。エメラルドグリーンの海が目にまぶしい。

2日目 午前　マリンアクティビティを満喫
体験ダイビングやシュノーケリングに挑戦。サンゴ礁や熱帯魚を目の前で見ることができる。シュノーケリングではウミガメやマンタに出会えることも。

2日目 午後　石垣牛を食べに行こう
たっぷり遊んだあとは、ディナーに石垣牛のステーキや焼き肉。人気のお店は予約が必須だ。

3日目 午前　おみやげを購入しよう
100店舗以上が軒を連ねるユーグレナモールで買い物。アーケードになっているので雨が降っても安心だ。

3日目 午後　石垣島を出発
新石垣空港から帰路に着く。もう一泊できる場合は離島へ足を延ばすのもおすすめだ。

Column
日本一のダイビングスポット・石垣島

世界中のダイバーたちが憧れる石垣島の海。透明度も高く、美しいサンゴの海は日本のダイビングスポットのなかでも人気ナンバーワンといわれる。有名なポイントが「川平石崎マンタスクランブル」だ。ハイシーズンには一度に6〜7尾ものマンタに出会えることもあるという。「米原Wリーフ」はサンゴの周辺に色とりどりの熱帯魚が群れる様子を観察できるスポット。ほかにもたくさんのダイビングスポットがあり、ベテランダイバーはもちろん、初心者も十分楽しめる。

1 温暖な気候で一年中潜ることができるのもうれしいところだ
2 世界のダイビングスポットのなかでもマンタと出会える場所は数少ない
3 カラフルな熱帯魚の姿で、海中が華やかになる
4 5〜6月はサンゴの産卵期。産卵シーンを見るナイトツアーもある

ひとこと情報　紅芋の新しい品種「沖夢紫」。この紅芋を使った沖夢紫ロールケーキが人気だ。新石垣空港のみで販売されている。

世界中のダイバーが憧れる「ケラマブルー」

沖縄

4 慶良間諸島
けらましょとう

Keramashoto

透き通る海と輝くビーチ ● 慶良間諸島

透明度の高い海と魚の豊富さからシュノーケリングに絶好のスポットとなっている古座間味ビーチ

VOICE
沖縄本島からフェリーに乗ったとき、ザトウクジラを発見!美しいビーチはもちろん、生き物の自然な姿に感動しました(田中)

白い砂浜と真っ青な空や海のコントラストはまさに楽園

浅瀬にもサンゴ礁や熱帯魚が多く、シュノーケリングで海の世界を十分に楽しめる

渡嘉敷島の阿波連ビーチにある、自然がつくり出した不思議なアーチ状の岩

美しい景観に溶け込むよう設計された阿嘉大橋。阿嘉島と慶留間島を結ぶ

透き通る海と輝くビーチ ● 慶良間諸島

4 慶良間諸島 沖縄

海の青さが特別きれい
一度は見たいケラマブルー

　沖縄本島から西に40kmほどの海域に浮かぶ慶良間諸島。渡嘉敷島、座間味島、阿嘉島、慶留間島、屋嘉比島など大小約20の島々からなっている。長い年月をかけて海底に堆積した白いサンゴの色を映した、深く、澄んだ海の色はケラマブルーと称されるほど美しい。海の美しさに加え、ザトウクジラの繁殖地であること、多種多様なサンゴが群生していること、泳いで島を渡るケラマジカなど豊かな生態系を有することなどから、平成26年(2014)には国立公園にも指定された。

　ブルーの陽光が差し込む海中洞窟や一面のテーブルサンゴなどダイナミックで変化に富んだ海底風景が広がり、アオウミガメやマンタにも出会えるなど、ダイバーたちには憧れのエリアだ。

島データ
- **沖縄県島尻郡渡嘉敷村、座間味村**
- **面積** 渡嘉敷島約15k㎡、座間味島約6.7k㎡、阿嘉島約3.8k㎡など **周囲** 渡嘉敷島約25km、座間味島約23km、阿嘉島約12kmなど
- **人口** 渡嘉敷村(渡嘉敷島、前島など)約740人(平成28年4月)、座間味村(座間味島、阿嘉島、慶留間島など)約820人(平成28年4月)
- **最高地点** 渡嘉敷島227m、座間味島161m(大岳)、阿嘉島187mなど
- **問い合わせ先** 渡嘉敷村役場 ☎098-987-2321
  座間味村観光協会 ☎098-987-2277

Column
戻ってきたクジラたち

　毎年、冬から春先にかけて座間味島の近海には、ザトウクジラが繁殖のために戻ってくる。ホエールウォッチングのツアーなども行なっており、運が良ければ、間近で群れをなして泳ぐ姿やジャンプする姿を見ることができる。

問い合わせ先 座間味村ホエールウォッチング協会
☎098-896-4141(期間中のみ)

アクセス方法
⚓ **泊港**から**高速船**で
渡嘉敷島へ**約35分**、座間味島へ**約1時間**

那覇空港から車で20分、那覇泊港から本島と周辺の離島を結ぶ定期船が発着している。フェリーは渡嘉敷島へ約1時間10分、1日1〜2便運航、座間味島へ約2時間、1日1〜2便運航。高速船はそれぞれ1日2〜3便運航している。夏季は混むので要予約。フェリーと高速船は乗り場が異なるので注意。船の行き先の確認も忘れずに。ほかにマリンショップなどの那覇市内発のツアーを利用しても、慶良間の海が楽しめる。

夏は海水浴、冬はクジラ観賞　季節／時間

| 1 | 2 | 3 | 4 | 5 | 6 | 7 | 8 | 9 | 10 | 11 | 12 |

美しい海の楽園を満喫したいなら、もちろん夏がベストシーズン。海水浴をはじめ、スキューバダイビングやシュノーケリング、シーカヤックなどのマリンアクティビティを満喫しよう。座間味島では、冬から春に繁殖のためにやってくるザトウクジラに出会えるツアーがあり、こちらもおすすめ。

ビーチ 通年　**ホエールウォッチング** 12月下旬〜4月上旬

慶良間諸島の海を満喫　モデルプラン

1日目
- 午前 **那覇から渡嘉敷島へ**
  約1時間10分の船旅を楽しみ、島に降り立てば、真っ青な海がお出迎え。新鮮な海産物で腹ごしらえ。
- 午後 **体験ダイビング**
  ケラマブルーの海で体験ダイビング。カラフルな魚と一緒にどこまでも透明な海を泳ぐ。

2日目
- 午前 **渡嘉敷島から座間味島へ**
  渡嘉敷島と座間味島を結ぶケラマ航路の船に乗船する場合は事前の予約が必要なので要注意。約35分で到着。
- 午後 **古座間味ビーチでシュノーケリング**
  遠浅の古座間味ビーチはシュノーケリングに最適。カラフルな熱帯魚に出会える。思いっきり遊んだら、リゾートホテルで優雅なステイを。

3日目
- 午前 **シーカヤックで島巡り**
  阿真ビーチを出発し、無人島へ上陸。海を眺めてのランチ、浜辺でのんびりなど、思い思いの時間を過ごそう。
- 午後 **座間味島から那覇へ**
  午後もしくは夕方の定期船で那覇へ。便数は多くないので、事前にしっかりと確認しておくと安心。

! **ひとこと情報** 渡嘉敷島、座間味島にはビーチを望む南国ならではの開放的なホテルやヴィラ、民宿があり、自分好みのステイを楽しめる。

真っ白なロングビーチでゆったりくつろぐ

沖縄

5 宮古島
みやこじま

Miyakojima

7kmにわたって続く白い砂浜とエメラルドグリーンの海が広がる与那覇前浜。楽園と呼ぶにふさわしい美景

透き通る海と輝くビーチ ● 宮古島

VOICE
島のソーキそば屋さんに行きました。翌日、店の前を通ると気さくに声をかけてくれて営業前なのに椅子に座っておしゃべり。何気ない島の日常が心地よかったです(まもるくん)

来間島と宮古島をつなぐ来間大橋。まるで海の上をドライブしているよう

宮古島最東端にある東平安名崎。空と海が一体となる絶景スポット

5 宮古島 沖縄

透き通る海と輝くビーチ ● 宮古島

ゆったり流れる島時間
ラグジュアリー・リゾートも充実

　宮古ブルーと呼ばれる青い海、美しさは東洋一ともいわれる真っ白な砂浜、サトウキビ畑やマンゴーの果樹園が広がるのどかな風景、島の酒造所で造られる泡盛や洞窟で熟成される古酒など、魅力は尽きない。さらに近年、施設の充実した大規模ホテルから隠れ家スタイルの高級ヴィラまでさまざまにそろったリゾートが人気を集めており、宮古好きを公言する芸能人も多い。

　また、宮古島は周囲に浮かぶ池間島、来間島、伊良部島、下地島と橋でつながっており、ドライブするのもおすすめ。とくに伊良部島との間、海上を渡る伊良部大橋は全長3540mと長く、ゆるやかに描くカーブ、フェリーの航路を確保するためのアーチなど、ルートが変化に富んでいて眺望も見事。

島データ

沖縄県宮古島市
面積 約159km²　周囲 約131km
人口 約4万8000人（平成27年1月）
最高地点 113m（ナカオ嶺）
問い合わせ先
宮古島観光協会　0980-73-1881
宮古島市役所観光課　0980-73-2690（内線 763）

アクセス方法

✈ **那覇空港**から**飛行機**で**約50分**

各地から宮古島へのアクセスは那覇を経由するのが便数も多く一般的。那覇空港から宮古島の玄関口、宮古空港までは1日16便運航、約50分。本土から宮古空港までの直行便は、東京と大阪から運航している。羽田空港から宮古空港までは1日2便運航、約3時間5分。関西国際空港から宮古空港までは1日1便運航、約2時間30分。

ひとこと情報　島内には、ビーチに面したホテルや広大な敷地に建つヴィラタイプの客室があるリゾートホテルなどが点在している。

見どころ紹介
Place to visit

島の沿岸では「ノッチ」と呼ばれているきのこのような奇石を見ることができる

神様に愛された緑豊かな島
大神島
おおがみじま

宮古島から北東に約4km、人口数十人ほどの自然豊かな島。島内には、聖域として大切に守られている場所も多く、地元では神様のいる島として知られている。

✈ 宮古島島尻港から船で15分

大神島遠見台。緑に囲まれた階段を上ると一面の海や池間島が見える

真っ白い砂浜と青い海に大感動
与那覇前浜
よなはまえはま

宮古島で最も大きなビーチ。見渡す限り続く白い砂浜と青のグラデーションが美しい海はため息が出るほどの絶景。夕日に染まるビーチを眺め、のんびりするのもよい。

✈ 宮古空港から車で20分

マリンアクティビティも充実

穏やかな雰囲気が心地よい
新城海岸
あらぐすくかいがん

島の東側に位置するビーチ。遠浅の海にはサンゴ礁が広がり、かわいらしい熱帯魚がたくさん泳いでいる。シュノーケリングにも最適で、地元の人にも人気の海岸。

✈ 宮古空港から車で30分

ビーチには売店もあり、便利

南国情緒漂う美しいビーチ
砂山ビーチ
すなやまビーチ

白い砂の丘を上ると見えてくるエメラルドグリーンの海。きめが細かく、歩くのが気持ちよい砂浜にはアーチ状の巨岩があり、記念撮影スポットとしても人気。

✈ 宮古空港から車で25分

長い年月を経て自然がつくった岩のアーチ

崖から眺める広大な海に息をのむ
イムギャーマリンガーデン

天然の入り江を利用してつくられた海浜公園。海の透明度が高く、常に穏やかなビーチはファミリーにも人気。展望台からは東シナ海を望む絶景が楽しめる。

✈ 宮古空港から車で20分

遊歩道をのんびり歩くのもよい

サンゴ礁が広がる美しい海岸
吉野海岸
よしのかいがん

波打ち際までサンゴ礁が広がっており、その間を種類豊富な魚が泳いでいる。浜辺から水面をのぞくだけでも多くの魚が観賞できる。ウミガメの産卵地としても有名。

✈ 宮古空港から車で40分

大人気のシュノーケリングスポット

透明度が高く、水面からもきれいなサンゴ礁を見ることができる

透き通る海と輝くビーチ ● 宮古島

竜宮城展望台から望む、見渡す限りの海の大パノラマ

サトウキビ畑が広がるのどかな島
来間島
くりまじま

宮古島の南西に位置する面積約2.84㎢の小さな島。島の西側には白い砂浜が美しいビーチが点在。宮古島と来間島を結ぶ来間大橋から見られる海と島の景色も美しい。

◎宮古空港から車で20分

対岸には宮古島の与那覇前浜が広がる

海に突き出した絶景岬
平安名崎灯台
へんなさきとうだい

宮古島の東側、東平安名崎に立つ灯台。青い海と空と白い灯台のコントラストが絵になる風景。灯台からは広がる海や宮古島の全景が楽しめる。

◎宮古空港から車で35分

春には約2km続く岬にテッポウユリの花が咲く

夏と冬、どちらも魅力的な島　季節／時間

| 1 | 2 | 3 | 4 | 5 | 6 | 7 | 8 | 9 | 10 | 11 | 12 |

海水浴のベストシーズンは5月中旬～9月頃だが、11月・12月でも20℃前後と暖かいので、一年を通して海水浴を楽しむことができる。南国の雰囲気を満喫したいなら夏に、穏やかな気候でのんびりと過ごしたいなら冬に訪ねてみるのがおすすめ。

海水浴 5月中旬～9月

お楽しみポイント

島バナナ
沖縄では、仮茎と葉が細い島バナナと呼ばれるバナナが、各家庭の周りで栽培されている。市場にはあまり出回らないので、島で出会ったら、ぜひ味わいたい。

マンゴー
最適な気候が生み出す、宮古島ブランドのマンゴーは濃厚なコクと強い甘みが特徴。贅沢に採れたてをそのままいただきたい。マンゴーのアイスやパフェも◎。

泡盛
沖縄の酒といえば泡盛。宮古島には6社の酒造所があるので、気に入ったものをおみやげに。みんなで集まり同じ量の泡盛をまわし飲むオトーリは宮古島の有名な飲み方。

大自然でリフレッシュの旅　モデルプラン

1日目 午前　空港近くでレンタカーを借り、海に架かる橋をドライブ
遮るものがなく、どこまでも続く海を眺め、各島を結ぶ橋をドライブ。大パノラマの絶景が楽しめる。

1日目 午後　ドライブ途中に海を望むカフェでひと休み
島の各所にオープンエアのカフェがある。ドライブの途中に立ち寄り、のんびりとした時間を過ごしたい。

2日目 午前　真っ青な海中で体験ダイビング
宮古島周辺の海には多くのダイビングスポットがある。体験ダイビングなら、気軽に神秘の世界を楽しめる。

2日目 午後　エネルギーを感じて、島を巡る
島内には、パワースポットが点在。琉球の時代に聖域とされていた御嶽（うたき）、ガーと呼ばれる雨が湧き水となって湧き出す井戸など、神秘的なスポットを巡る。

3日目 午前　南国の花に囲まれ、スイーツを楽しむ
果樹園や植物に囲まれた庭園カフェでは、カラフルな花を楽しみ、南国フルーツのスイーツがいただける。

3日目 午後　島みやげを探して、ぶらり散歩
のんびりと島を歩き、おみやげ探しを楽しもう。サンゴや貝を使用したアクセサリーや、果物や島野菜を使ったお菓子など宮古島ならではの品を見つけたい。

Column
自然の恵み、水が湧き出す井戸「ガー」

宮古島には川がなく、人々の命を支えるのは、自然の洞窟や掘り井戸などから湧き出す地下水だった。貴重な水資源を生むそれらの場所は「ガー（泉や川などを意味する）」と呼ばれ、付近の住民に大切に守られてきた。水道が発達した今では、大和井（ヤマトガー）、盛加井（ムイカガー）、友利あま井（トモリアマガー）など多くのガーは植物に覆われ、独特の神秘的な光景を見せている。

! ひとこと情報　サトウキビ畑が広がる宮古島。2～5月の刈り取りシーズンに訪れれば、サトウキビジュースを味わうことができる。

3km超の橋を渡って海遊びの島へ
沖縄
6 伊良部島（いらぶじま）

海を渡る大橋で宮古と連結
勇ましい海人（うみんちゅ）たちの暮らす島

　人口約5400人の小さな島。平成27(2015)年1月に全長3540mの伊良部大橋が開通し、宮古島と陸路で往来が可能になった。古来、漁の盛んな土地柄で、海人（うみんちゅ）と呼ばれる漁師が多く暮らしており、この島を訪れたら近海で獲れた新鮮な魚はぜひ味わってみたい。カツオにマグロ、グルクン、イラブチャーなどが食べられるカフェや居酒屋がある。また、幅40～100mというごく狭い水路で隔てられているものの、ほとんど接している下地島も見どころが多い。

島データ
沖縄県宮古島市
面積 約29㎢　周囲 約64km（下地島を含む）
人口 約5400人（平成27年1月）　最高地点 89m（牧山）
問い合わせ先 宮古島市役所観光課 ☎0980-73-2690
宮古島観光協会 ☎0980-73-1881

アクセス方法
● **宮古空港**から**車で約10分**
伊良部大橋が完成し、宮古空港（宮古島）から簡単にアクセスできるようになった。フェリーが橋の下を潜る高さを確保するため坂のきつい部分はあるが、宮古島からレンタバイクで訪れるのもよい。

透き通る海と輝くビーチ ● 伊良部島

宮古島と伊良部島間に架かる約3.5kmの橋。きらめく海の大パノラマを楽しめる

海水浴は夏、ダイビングは秋　季節／時間

| 1 | 2 | 3 | 4 | 5 | 6 | 7 | 8 | 9 | 10 | 11 | 12 |

海水浴を楽しむなら、5月中旬～9月頃がベスト。ダイビングが目的であれば、伊良部島に隣接する下地島エリアの人気ダイビングスポットが、北・北東・東の風が吹く時期に行きやすくなるため、9～4月頃がおすすめ。とくに、まだ水温が高い秋がベストシーズン。目的に合わせて、出かけよう。

海水浴 5月中旬～9月　　**ダイビング** 9～4月

お楽しみポイント

うずまきパン

クリームをパンでぐるりと巻いたもの。伊良部島で売られていた「まるそうパン」のうずまきサンドが人気となり、各社が製造。今では伊良部島や宮古島のスーパーでも販売する定番商品になっている。

美しい景色に出会う旅　モデルプラン

1日目

午前 — **渡口の浜で海水浴**
細かく白い砂浜は歩くのも気持ちがよい。遠浅で透明度の高いビーチでのんびり海水浴を楽しみたい。

午後 — **獲れたての海の幸をいただく**
漁港近くにある食堂では、水揚げされたばかりの新鮮な海の幸がふんだんにのった海鮮丼などが堪能できる。

2日目

午前 — **青の洞窟でシュノーケリングや体験ダイビングを満喫**
小さな洞窟に太陽の光が差し込み、海が青く輝いて見える大人気スポットでシュノーケリングや体験ダイビングに挑戦。幻想的な世界に大感動。

午後 — **自然が生んだ不思議な「通り池」へ**
下地島の西側、高台に2つの大きな池が並ぶ。池は下で外海とつながっていて、ダイビングスポットとしても人気。

3日目

午前 — **佐和田の浜で大岩がつくる独特な景観を楽しむ**
大きな岩が海に転がり、不思議な景色をつくりだしている。ビーチを望むカフェでまったり眺めるのもよい。

午後 — **潮風を感じて、島内サイクリング**
海沿いを気ままにサイクリング。伊良部島の北端にある景勝地、白鳥崎に立ち寄り、真っ青な海を一望。

ひとこと情報　佐良浜の漁師が暮らす集落には、平屋根の立派な家屋が建ち並ぶ。多くはカツオ漁で栄えた時期に建てられたものだそう。

沖合に砂浜だけの楽園が浮かぶ　Kumejima

7　久米島
くめじま　　　　　　　　沖縄

全長約7km、3つの砂洲からなるハテの浜。透明度の高い海と白い砂浜はまさに絶景

国の天然記念物に指定されている「五枝の松」

亀の甲羅のような畳石は、溶岩が冷え固まってできたもの

岩場の潮溜まりは「熱帯魚の家」と呼ばれ、多くの魚が見られる

江戸時代に建てられた上江洲家住宅は建築年代がわかるもののうち沖縄最古の民家

透き通る海と輝くビーチ ● 久米島

7 久米島 沖縄

琉球王国の面影を残す
琉球一美しい「球美の島」

『続日本紀』に登場する「球美の島」は久米島のことだとされる。球美（クミ）とは琉球方言で米を意味し、豊かな水に恵まれたこの島で古来から稲作が盛んに行なわれていたことが推察される。のちの時代にも南海貿易の中継地として栄え、具志川城跡、宇江城城跡、上江洲家住宅などの史跡や、フクギ林、ウティダイシ（太陽石）といった古い島の暮らしを想像させるものがよく残っている。大島紬、結城紬などのルーツとなったという久米島紬は現在でも島の主要産業のひとつで、国の重要無形文化財にも指定されている。

もちろん海の美しさは格別。東の沖合約5kmほどの場所にあるサンゴの砂が堆積した無人島、ハテの浜はまるで天国のような絶景だ。

島データ
沖縄県島尻郡久米島町
面積 約59km² 周囲 約48km 人口 約8200人（平成27年1月） 最高地点 310m（宇江城岳）
問い合わせ先
久米島町観光協会 ☎098-896-7010

お楽しみポイント

■ 泡盛
多種ある沖縄の泡盛のなかで、島の北側で製造されている「久米島の久米仙」。水は天然の湧水を使用し、麹やもろみ造りは昔から変わらず人の手で行なう。島の飲食店で、泡盛の飲み比べも楽しみたい。

Column
貴重なクメジマボタルを観賞

唯一久米島だけで見られるホタルで、平成5年（1993）に発見された。沖縄県の天然記念物に指定されている。出現地が限られるため、久米島ホタル館では4月中旬～5月上旬にホタルツアーを開催し、案内している。

アクセス方法
⚓ **那覇泊港**から**フェリー**で**約3時間20分**
✈ **那覇空港**から**飛行機**で**約30分**

那覇空港から久米島への飛行機は1日7便ほど、フェリーは1日2便ほど運航している（時期により異なる）。島内の移動は路線バスやタクシーも利用できるが、自由に動き回れるレンタカーがおすすめ。海沿いを時計回りに進むと観光名所をスムーズに移動できる。絶景スポットのハテの浜へはツアーボートで約20分。船でしか上陸できないので、事前予約が必要。

🍀 どの時期も美しい久米島の海　季節／時間

| 1 | 2 | 3 | 4 | 5 | 6 | 7 | 8 | 9 | 10 | 11 | 12 |

年間を通して暖かく、いつ訪れても輝く海景色が広がる。ダイビングなどのアクティビティや、散策の見どころも多い。海水浴を楽しむなら5～9月がベスト。ハテの浜へは船で移動するので、7～9月の台風シーズンなど天候の確認をしておこう。日差しが強いので、帽子や日焼け止めクリーム、飲み物を忘れずに。

海水浴 5～9月　**ホエールウォッチング** 1～3月

✏ 魅力あふれる島を一周する　モデルプラン

1日目 午前
国指定の天然記念物「五枝の松」の壮大さを観賞
枝が地面を這うように伸びる琉球松。樹高は6mほどだが、枝は横に12mも広がり、その力強さに圧倒される。

1日目 午後
色鮮やかな熱帯魚が暮らすスポットへ
「熱帯魚の家」と呼ばれる海岸沿いの岩場では、海に入らなくても数多くの熱帯魚を見ることができる。

2日目 午前
海岸に広がる自然の不思議を体感
陸続きになっている奥武島の畳石。自然の力だけで生まれた六角形の石が連なる。干潮時間に訪れたい。

2日目 午後
「ハテの浜」の壮大な景色に感動
エメラルドグリーンの海と白い砂浜が、東洋一の美しさとも呼ばれる砂洲。開放感あふれる浜辺に癒され、海水浴やシュノーケリングも楽しめる。

3日目 午前
いきいきとしたウミガメに出会う
久米島ウミガメ館では、絶滅危惧種のウミガメを飼育・展示している。期間限定でふれあい体験も開催。

3日目 午後
海外リゾートのようなイーフビーチで海水浴
長さ2kmの美しい砂浜が広がる。日本の渚100選にも選ばれ、海水浴やマリンスポーツを満喫できる。

! **ひとこと情報** 島内での宿泊は、イーフビーチ周辺のホテルや、昔ながらの飲食店が並ぶ「じんじんロード」の民宿が旅の拠点として便利。

サンゴ礁に包まれた、クロワッサン形の小島

8 水納島
みんなしま

沖縄

透明度の高いエメラルドグリーンの海と、白い砂浜が楽しめる

空から見下ろす島の形は まるで緑のクロワッサン

　標高約12mの平らな隆起環礁で、その形から三日月島、クロワッサン島の異名を持つ。水源に恵まれず台風や津波の害も激しかったため、明治23年(1890)に瀬底島からの移民が開拓を始めるまでは無人島だったというが、今ではニンジンや大根、スイカなどを栽培する農業や畜産が行なわれるのどかで風光明媚な島だ。サンゴと貝殻が細かく砕かれてできたビーチの砂は驚くほど純白で、沖縄の観光ポスターやパンフレットの撮影地としても知られている。

島データ
沖縄県国頭郡本部町
面積 約0.5km² 周囲 約4.6km
人口 39人(平成27年4月) 最高地点 27m
問い合わせ先
もとぶ町観光協会 ☎0980-47-3641

アクセス方法
⚓ **本部町渡久地港**から**高速船**で**約15分**

沖縄本島の渡久地港から高速船「ニューウィングみんな」を利用する。運航頻度は時期によって異なり、夏季(7月～9月20日)は6～12往復、そのほかの期間は1日2～3往復。渡久地港までは那覇空港から車で所要約1時間30分。沖縄自動車道を利用し、許田ICで下りて沖縄美ら海水族館方面に走ると、手前に港がある。島内は徒歩で十分にまわれる広さ。

透き通る海と輝くビーチ ● 水納島

ビーチは4〜10月にオープン　季節／時間

| 1 | 2 | 3 | 4 | 5 | 6 | 7 | 8 | 9 | 10 | 11 | 12 |

島のいちばんの楽しみは、海水浴など水納ビーチでのレジャー。遊泳期間は4〜10月なので、行くならこの時期。マリンスポーツの受付や売店の営業もこの期間に限定されている。なかでもトップシーズンは、本島からのフェリーが増便する7月20日〜8月末。渡久地港始発が8:45、水納島発最終が17:00と、一日めいっぱい遊べるのもうれしい。

● ビーチの遊泳期間　4〜10月

お楽しみポイント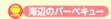

海辺のバーベキュー

遊泳期間中毎日10:00〜17:00、ビーチでのバーベキューが楽しめる。1人1620円で、メニューは串焼きとおにぎりなど。前日までに必ず予約を。(☎0980-47-5572または090-8669-4870)。

本部半島のドライブで　モデルプラン

1日目

午前：**昼前に那覇空港に到着**
事前に予約しておいたレンタカーを受け取り、市街へ。まずは沖縄料理でお腹を満たす。

午後：**おいしいとこどりの那覇観光**
世界遺産・首里城を観光。その後、周辺の石畳道などをのんびり散歩する。夜は国際通りで食事や買い物。

2日目

午前：**那覇から本部半島へ**
朝、レンタカーで那覇を出発。沖縄自動車道経由で、本部半島の渡久地港に到着。フェリーで水納島へ。

午後：**ビーチで思い思いに過ごす**
島に着いたら、受付カウンターでマリンメニューを申し込む。ランチをはさみ、海で遊んだり、パラソルの下でのんびりしたりして、ビーチを満喫。夕方の船で本島に戻る。夜は本部半島のホテルに宿泊。

3日目

午前：**マストスポット・大人気の水族館**
半島随一の名所、沖縄美ら海水族館へ。巨大なジンベエザメやマンタが悠々と泳ぐ姿をじっくり観察。

午後：**本部半島の見どころを巡り、那覇へ**
備瀬のフクギ並木、今帰仁城跡、古宇利島などの名所をたどり、許田ICから沖縄自動車道経由で那覇に戻る。

 ひとこと情報　渡久地港から車で5分ほどの県道84号には、沖縄そばの名店が集中。夕方には閉まる店もあるので、営業時間は事前に要確認。

深い歴史が秘められた紺碧の海

ちちじま　　　　　　　　東京

9 父島 世界遺産

Chichijima

二見湾には魚雷攻撃を受け座礁した濱江丸の残骸がある

透き通る海と輝くビーチ ● 父島

VOICE
とにかく海が上も中もすごい。透明度抜群、マグロの群れ、イルカの群れに、ドルフィンスイムも楽しめちゃう。南島のビーチと山の感じも神秘的。世界最高の海です!!（ダイバーMH）

©小笠原村観光局

アオウミガメの飼育・保護を行なう小笠原海洋センター

うっそうとした森の中に父島要塞大村第二砲台跡が今も残る

旭山山頂から見下ろす二見湾の眺望。海の青のコントラストが美しい

透き通る海と輝くビーチ ● 父島

9 父島(ちちじま) 東京

**クジラとウミガメが訪れる温暖な海
日本の首都が誇る南国のパラダイス**

東京・竹芝桟橋から南へ約1000kmの太平洋上。24時間の船旅で到着するのが、世界遺産にもなった小笠原諸島の玄関口・父島だ。島が発見されたのは、16〜17世紀頃と考えられている。最初の入植者は、天保元年(1830)にやって来た欧米人とハワイの人々ら25人ほど。明治9年(1876)になって、国際的に正式に日本領土と認められた。

緯度は沖縄とほぼ同じ。オガサワラビロウなどの南洋の植物が茂り、白砂のビーチとボニンブルーの海が広がる、東京都にある南国の楽園だ。珍しい動植物の宝庫であることから「東洋のガラパゴス」とも呼ばれる。1〜4月にはザトウクジラが繁殖のために近海に巨大な姿を現し、6〜7月には浜辺がアオウミガメの産卵地となる。

島データ
東京都小笠原村
面積 約24km² 周囲 約52km
人口 約2100人(平成28年4月)
最高地点 326m(中央山付近)
問い合わせ先 小笠原村観光協会 ☎04998-2-2587

アクセス方法
⚓ **東京・竹芝桟橋**から**定期船**で**約24時間**

飛行場がないため、アクセスは定期船「おがさわら丸」のみ。父島の二見港までは丸1日の船旅になる。運航本数はおおよそ週に1便。夏場などの繁忙期は、週に2便の頻度。通常予約は出発日の2か月前から。繁忙期は予約開始の特定日が設けられ、一斉予約となる。小笠原海運(東京)、東海汽船の竹芝支店、旅行代理店でも購入可能。同船の運航スケジュールは曜日が決まっていないため、時刻表を確認してから旅程をたてたい。

🍀 1月1日は日本一早い海開き 季節/時間

1	2	3	4	5	6	7	8	9	10	11	12

最高気温の平均は年間を通して20℃を下回らず温暖だが、昼夜の寒暖差がある。9〜10月は台風が接近しやすい。南島は植生回復のため、11月上旬〜2月上旬まで上陸が禁止されている。

- ムニンヒメツバキ 5〜7月
- マンゴー 7〜8月
- ザトウクジラ 1〜4月
- アオウミガメ 3〜9月

お楽しみポイント

🔴 コーヒー豆
明治時代にコーヒー栽培を試みたのが始まり。年間200kgしか獲れない希少な純国産コーヒーが楽しめる。花は3〜5月、収穫は9〜12月。野瀬農園ではコーヒーツアーを開催。

©小笠原村観光局

✏️ 小笠原固有の生態系を体感 モデルプラン

1〜2日目 全日
竹芝桟橋から「おがさわら丸」で24時間の船の旅へ
父島到着は翌日の昼。到着後すぐにシュノーケリングをするなら宮之浜や製氷海岸がおすすめ。夕方は夕日のきれいなウェザーステーション展望台へ。

3日目 午前
千尋岩(ハートロック)へ行くツアー
トレッキング用の装備をし、飲み物もしっかり準備していざ出発。途中、戦跡や小笠原固有種の動物や植物、天然記念物が見られる貴重な体験を。

3日目 午後
オガサワラオオコウモリや星空を見に行く
ツアーから戻ってしばし休憩。夕食後は、星空や野生の動植物を探しに行くナイトツアーへ。

4日目 午前
貴重な動植物が生息する南島へ
イルカと一緒に泳げるドルフィンスイムのツアーに参加。途中、"宝石の島"と呼ばれる無人島の南島に上陸。

4日目 午後
小笠原ラム酒に島寿司を堪能
居酒屋で地元の人たちと語らいながら夕食。二見港周辺に店が集中しており、遅くまで開いている店もある。

5〜6日目 全日
午後のフェリーで竹芝桟橋をめざす
船の出港は15時半なので午前中はたっぷりツアーに参加できる。フェリーに乗り翌日夕方、竹芝桟橋に到着。

Column
今も進行中の「進化の実験場」

小笠原の特異な生態系を生み出しているのが、他の陸地と断絶した海洋島という環境。本土とは違う環境で独自の進化を遂げ、オガサワラオオコウモリをはじめ固有種となっているものも多い。昆虫や植物では今なお進む分化の過程が見られる。

©小笠原村観光局

⚠️ **ひとこと情報** レストランなど飲食店は20軒以上あり、27時まで営業しているお店もある。店は二見港周辺に集中している。

常春の島に多くのサーファーが集まる

東京

10 新島（にいじま）

本村にある前浜海岸。夏になると浮島が設置されとくに賑わう

キラキラと輝くホワイトビーチ
国際大会も開かれるサーフィンのメッカ

　白い砂浜が延々6.5kmも続く島東部の羽伏浦海岸は、ビッグウェーブが押し寄せる日本有数のサーフポイント。クリアな海をエメラルドグリーンに輝かせる、純白のビーチの美しさでも知られる。羽伏浦の南部には、白い地層が露出した白ママ断層の断崖が続き、氷河のような白の世界に圧倒される。白砂の正体は軽石状のコーガ石（抗火石）で、新島とイタリアのリパリ島でのみ産出される貴重な石。集落の塀や建物、島内各所で出会う「モヤイ像」のほか、新島ガラスの原料に使われている。

アクセス方法

- ⚓ 東京・竹芝桟橋から**ジェットフォイル**で**約3時間**
- ✈ 調布飛行場から**飛行機**で**約40分**

竹芝桟橋から新島の前浜港まで夜行の大型客船ならば8時間30分で朝方到着。夏季限定で久里浜からジェット船が運航（所要2時間）。伊豆の下田からはフェリーで2時間40分。また、調布飛行場からの飛行機は1日4便運航している。

島データ

東京都新島村

| 面積 | 約23km² | 周囲 | 約42km |
| 人口 | 約2800人（平成27年6月） | 最高地点 | 432m（宮塚山） |

問い合わせ先　新島観光協会　☎04992-5-0001

透き通る海と輝くビーチ ● 新島

6.5kmの白浜が続く羽伏浦海岸はサーフィンのメッカ

島で採れる貴重なコーガ石を使ったモヤイ像が点在する

常春の陽気で過ごしやすい　季節／時間

| 1 | 2 | 3 | 4 | 5 | 6 | 7 | 8 | 9 | 10 | 11 | 12 |

新島の年間平均気温は17.7℃。いちばん寒い2月でも9℃と、年間を通じて気温の差が少なく、暖かい。春秋から秋にかけてがサーフィンのベストシーズンで、世界中のサーファーが新島に押し寄せる。のんびりと過ごしたいなら、この時季を外したオフシーズンにいくのがおすすめる。

サーフィン 5〜6月、9〜11月　　あしたば 2〜5月(旬)

お楽しみポイント

🍣 **島寿司**

新鮮な魚を醤油だれに漬け込み、辛子で食べる伊豆諸島名物の島寿司。島寿司専門の店や、逆に島寿司を出さない江戸前の寿司店もあるので、入る前に確認を。

海と山を欲張りに楽しむ　モデルプラン

1日目

午前　**大型客船で夜半に出発。翌朝着くので早速観光**
22時発の大型客船に乗ると、翌朝8時35分には新島の前浜港に到着する。新島には4つのトレッキングコースが用意されており、所要1時間30分の石山トレッキングコースを歩く。石山展望台から見渡す真っ青な海に感動。

午後　**のんびりビーチでまどろむ昼下がり**
前浜海岸で海を見ながらのんびり。海水浴やダイビングも楽しめる。夕方は海岸の高台に位置する湯の浜露天温泉へ。パルテノン神殿風の建築が特徴で、ここから眺めるサンセットは圧巻。夜は民宿で用意してくれた旬の料理に舌つづみ。

2日目

午前　**吹きガラスで新島ガラスのコップを制作**
新島ガラスアートセンターで開催している（要予約）。

午後　**新島のメインビーチ・羽伏浦海岸へ**
純白のビーチが美しい。メインゲート(右)から海にせりだす白ママ断崖までを散歩。羽伏浦漁港では釣りもできる。夕方は居酒屋でローカルごはん。

3日目　午前　**レンタサイクルを借りてぶらり島内散策**
午後の高速ジェット船で竹芝桟橋へ（約3時間）。

 ひとこと情報 約300年前まで新島と陸続きだった隣の式根島へは、新島からフェリーが1日3便運航している（所要10分）。

橋の先で待つのは日本海随一のビーチ

山口

11 角島(つのしま)

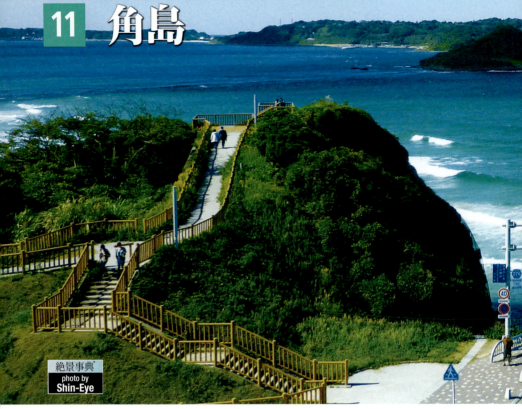

エメラルドグリーンの海と
島に続く大橋のコントラストにため息

　北長門(きたなが)海岸国定公園にあり、島のシンボルとなっている高さ約30mの角島灯台は、明治9年(1876)に英国技師リチャード・ヘンリー・ブラントンの設計によるもの。島に架かる角島大橋の開通は平成12年(2000)で、全長は1780mあり、観光スポットとなっている。

　平成18年に放映された木村拓哉主演のTVドラマ『HERO』のロケ地ともなった。しおかぜコバルトブルービーチでは海水浴やキャンプなどが楽しめ、角島夢崎波の公園では自生するハマユウも目にできる。

島データ
山口県下関市
面積	約39㎢	周囲	約17km
人口	約800人(平成28年4月)	最高地点	66m
問い合わせ先	豊北町観光協会	☎083-786-0234

アクセス方法
◉ JR特牛駅から車で約30分
◉ JR新下関駅から車で約1時間

滝部駅(または特牛駅)からブルーライン交通のバスで行く方法もあるが、運行本数は少ない。レンタカーを利用する場合は、山陽新幹線の新下関駅か山陽本線の下関駅から借りるのが便利。国道191号を北上すると、山あいと海沿いの景色が楽しめる。

透き通る海と輝くビーチ ● 角島

Tsunoshima

VOICE
コバルトブルーの海を横断し離島に架かる1780mの美しい角島大橋。素直で愚直な生き方の山口県民を思い起こさせ、心洗われました（Shin-Eye）

🍀 輝く海が見たいなら断然夏　季節／時間

| 1 | 2 | 3 | 4 | 5 | 6 | 7 | 8 | 9 | 10 | 11 | 12 |

一年を通して海はきれいだが、ベストシーズンは雨量が少なく、海が透明でエメラルドグリーンに輝く夏。下関市の花になっているハマユウの群生が見られるのは7月中旬〜下旬がベスト。牧崎風の公園では秋にホソバワダンやダルマギクが咲く。

ハマユウ 7月　ウニ 7〜8月　わかめ 2〜6月
剣先イカ 5〜10月

お楽しみポイント

 ワカメソフト

角島で採れわかめは良質で、奈良時代、朝廷へ献上していた歴史もある。わかめの食感にふわっとした磯の香りでやみつきになる味。しおかぜの里で販売。

📝 新鮮な魚介に美しいビーチ　モデルプラン

1日目 午前：レンタカーを借りていざ角島へ
新下関駅でレンタカーを借りて北上する。1時間ほどで角島大橋に到着。橋を渡る前に海士ヶ瀬公園展望台に立ち寄って、美しい角島大橋の全景を撮影。

1日目 午後：海を楽しんだあとは、イカやウニなど魚介を堪能
しおかぜコバルトブルービーチで海水浴を楽しみ、水平線に沈む夕日を観賞。夜は宿の新鮮な魚介料理を堪能。

2日目 午前：明治期に造られた角島灯台から絶景を望む
登れる灯台として有名な角島灯台へ。その後、瀬崎陽の公園に立ち寄って、角島大橋と海が織り成す絶景を再度堪能。しおかぜの里でワカメソフトにトライ。

2日目 午後：島の最北部牧崎風の公園へ
牧崎風の公園で遊歩道を散策。放牧されている牛ものどかな雰囲気。角島大橋を抜け、ここから南下し下関・関門海峡へ。魚市場の唐戸市場で海鮮グルメや巌流島クルーズなども楽しめる。また、隣の長門市にある青海島（おうみじま）はスキューバダイビングのメッカで、もう1日あるなら島ホッピングも楽しい（角島から車で1時間）。

ひとこと情報　角島大橋の途中で停車することはできない。海士ヶ瀬公園展望台か瀬崎陽の公園から橋の全景を眺めるようにしたい。

島面積ランキング

(国土地理院平成26年全国都道府県市区町村別面積調から 本州・北海道・九州・四国・沖縄本島・北方四島は除く)

1位	佐渡島	<新潟>	855km²	日本最大の離島で東京都(島を除く)の約半分の面積。全周263kmは大宮駅〜新潟駅間に相当。
2位	奄美大島	<鹿児島>	712km²	奄美群島の有人8島のなかで最大の島。住用町には広大なマングローブの原生林が広がる。
3位	対馬	<長崎>	696km²	属島含む対馬市は長崎県で最大面積の市。韓国まで約50kmで、「国境の島」と呼ばれる。
4位	淡路島	<兵庫>	593km²	瀬戸内海で最も大きな島で近畿地方と四国を結ぶ。記紀の国産み神話で最初に誕生した島。
5位	天草下島	<熊本>	575km²	天草諸島で最も広く、熊本県内の島としても最大。ダイナミックな地形と地層で滝が多い。
6位	屋久島	<鹿児島>	504km²	屋久杉の原生林など手つかずの自然が残り、島の面積の約1/5が世界遺産に登録されている。
7位	種子島	<鹿児島>	444km²	大隅諸島最大で標高最高点は282mと低め。鉄砲伝来や宇宙センターなど数々の歴史の舞台。
8位	福江島	<長崎>	326km²	152もの島からなる五島列島でいちばん大きい。東シナ海の荒波による複雑な海岸線が特徴。
9位	西表島	<沖縄>	290km²	沖縄県で本島に次ぐ面積を持ち、八重山諸島で最大。島の9割が亜熱帯の深い森で覆われる。
10位	徳之島	<鹿児島>	248km²	奄美群島に属し、奄美大島に次ぐ広さ。動植物の生態系が特異で、「生物の宝庫」とされる。

佐渡島

奄美大島

Column 1 島ランキング その1

大きい島は? 高い島は?

記紀に日本は「島産み」から始まったと記されるように、日本には無数の島が点在する。東京都の半分もの広さの島、2000m級の山がある島など、大きさと高さから島を眺めてみるのも楽しい。

標高ランキング

(国土地理院平成3年日本の主な山岳標高 -日本の山岳標高一覧(1003山)- から)

順位	島名	所在	標高	説明
1位	屋久島	<鹿児島>	1936m	島中央にそびえる宮之浦岳は九州の最高峰。山岳信仰の歴史も長く、日本百名山のひとつ。
2位	利尻島	<北海道>	1721m	「利尻富士」とも呼ばれる独立峰、利尻山が美しい姿を見せる。夏季は高山植物の宝庫に。
3位	佐渡島	<新潟>	1172m	北側の大佐渡山地にある金北山が島の最高峰。南側の小佐渡山地の大地山は645mと低い。
4位	中之島	<鹿児島>	979m	トカラ列島に属し、「トカラ富士」の別称がある御岳が最高点。活火山で島内には温泉が点在。
5位	南硫黄島	<東京>	916m	島全体が玄武岩で構成され、中央に小笠原諸島・伊豆諸島のなかで最も高い山がそびえる。
6位	八丈島	<東京>	854m	伊豆諸島のひとつで、ひょうたん形の島に八丈富士と三原山の2山がある。八丈富士が最高点。
7位	御蔵島	<東京>	851m	伊豆諸島に属し、島全域が原生林。中央の御山が最高標高で活火山。小説や漫画の舞台にも。
8位	小豆島	<香川>	817m	播磨灘に浮かび、オリーブ栽培が盛ん。中心部の星ヶ城山東峰は瀬戸内海の島々の最高峰。
9位	諏訪之瀬島	<鹿児島>	796m	トカラ列島にある火山島。中央の火口丘が「御岳」という最高点。小規模な噴火が続いている。
10位	北硫黄島	<東京>	792m	小笠原諸島の最北端にある無人島。中央部に急峻な榊ヶ峰がそびえる。先史時代の遺跡も。

屋久島

利尻島

神秘に満ちた森の島

今にも妖精が出てきそうな、静けさに満ちた島の森。
木の葉擦れや鳥の鳴き声を聞きながら、鬱蒼とした木々に分け入っていく。

- 12 屋久島 56
- 13 母島 62
- 14 西表島 66
- 15 利尻島 70
- 16 御蔵島 72
- 17 加計呂麻島 74
- 18 隠岐島後 76

TOPIC 温泉アイランド
- 19 式根島 80
- 20 硫黄島 81

巨大な杉がそびえる縄文の森へ

12 屋久島
やくしま　鹿児島　世界遺産

絶景事典
photo by Akinobu Emi

神秘に満ちた森の島 ● 屋久島

VOICE 台風の影響で太い枝が痛々しく折れていましたが、雨上がり、薄暗い苔むす森に日が差した瞬間は森が起きたかのように緑が美しく苔が今にも動きだしそうでした。まさに神秘的な瞬間でした(Akinobu Emi)

太鼓岩からの壮大な眺め。白谷雲水峡を越え、さらに登った先にある

長い歳月が切株の内部を空洞化させ、10畳分ほどのスペースができている(ウィルソン株)

屋久島にいる大型哺乳類は人とヤクシカ、ヤクザルのみ。ヤクシカは普通のニホンジカに比べ、小柄で、四肢がやや短い

12 屋久島 鹿児島

神秘に満ちた森の島 ● 屋久島

島データ
鹿児島県熊毛郡屋久島町
面積 約500km² **周囲** 約132km **人口** 約1万3000人（平成28年3月） **最高地点** 1936m（宮之浦岳）
問い合わせ先
屋久島観光協会 事務局 ☎0997-49-4010

日本国内の世界遺産第一号
水に恵まれた森林の島

　平成5年(1993)、日本初のユネスコ世界自然遺産となった。林芙美子が代表作『浮雲』で、「月のうち35日は雨」と表現するほど雨が多く、島の9割が森林。さらに、最も標高の高い地点は1936mに達し、1000～2000m級の峰々が連なるため、海岸から山頂に行くにつれて亜熱帯植物、海岸林、照葉樹林、屋久杉の森、高山植物と多彩な植物群が見られる。約40の固有種も含めて国内の植物種の7割が生息するが、とくに見逃せないのが縄文杉と呼ばれる古木だ。水に恵まれた環境だが花崗岩の土壌は栄養に乏しく、また日照時間が少ないために時間をかけて成長。一般に長くても500年といわれる杉の寿命だが、縄文杉の樹齢は3000年以上とも推定されている。

アクセス方法
⚓ **鹿児島本港南埠頭**から高速船で約2時間
✈ **鹿児島空港**から飛行機で約35分

　鹿児島から屋久島への飛行機は1日5便ほど、高速船は1日6便ほど運航している（時期により異なる）。島内の移動は路線バスが基本となる。種子屋久交通とまつばんだ交通が運行する周遊バスを利用してもよい（前日までに要予約）。空港や港にはタクシーも待機している。自由に動き回りたいのであれば、レンタカーが便利だ。

ひとこと情報 宿泊施設が多いのは宮之浦と安房。宮之浦は飲食店などが充実、安房は縄文杉へ向かう荒川登山口が近いのがメリット。

見どころ紹介
Place to visit

アニメ『もののけ姫』には、白谷雲水峡をイメージした森も出てくる

清らかな水が流れる太古の森
白谷雲水峡
しらたにうんすいきょう

宮之浦川の支流である白谷川の上流に位置する自然休養林。ヤクスギなどの原生的な森林を目の当たりにできる。美しい渓流と何百種類の苔に覆われた深い緑の森を、多彩に設定された散策コースで観賞したい。
🚌 宮之浦からバスで30分

多くの観光客がめざすのがこの杉。堂々たる体躯といびつなコブが威厳を感じさせる

森の奥にたたずむ長老杉
縄文杉
じょうもんすぎ

昭和41年(1966)に発見された樹高25.3m、胸高周囲16.4mにも及ぶ国内最大の杉の木・屋久杉。推定樹齢は2170年から7200年とされている。標高1300m近くにあり、「樹上の森」とも形容される。
🚶 荒川登山口から徒歩5時間

ユニークな屋久杉に会える森
ヤクスギランド

仏陀杉やくぐり杉、ひげ長老など、その独特な形から名付けられた屋久杉が多く自生する森。体力に自信がない人でも歩けるコースがあり、気軽に自然にふれられるとして、観光客に人気。バスは1日2本なので、レンタカーでアクセスするのがおすすめ。
🚌 安房からバスで40分

吊り橋を渡り、鬱蒼とした森へと入っていく

登山道の途中には、かつて使われていたトロッコ軌道が残る

神秘に満ちた森の島 ● 屋久島

やや粗めの砂は風化した花崗岩で、奥岳から流れてきたもの

ウミガメのふるさと
永田いなか浜
ながたいなかはま

島北西部の永田集落にある美しい浜辺。北太平洋一の、アカウミガメの産卵地として知られる。

◎ 宮之浦から車で30分

ウミガメの産卵を観察する際には、きちんとルールを守りたい

海を望む開放的な露天温泉
湯泊温泉
ゆどまりおんせん

島の南西部にある、海が眼前に広がる温泉。湯温はぬるめで、潮騒を聞きながらの入浴をゆっくりと楽しめる。

◎ 宮之浦から車で90分

奥にある小さな浴槽は水着可なので、女性にはそちらがおすすめ

屋久島の豊かな雨を楽しむ　季節／時間

1	2	3	4	5	6	7	8	9	10	11	12

ベストシーズンは4月上旬～7月上旬。多雨で知られる島で、とくによく降るのは6月。次いで3～5月、8～9月は台風シーズン。それ以外の月も、まず雨に降られると思っておいたほうがいい。むしろ少々の雨ならば、楽しむぐらいの気持ちでいたい。11月を過ぎるとぐっと気温が下がり、冬はしばしば降雪をみる。

- ヤクシマシャクナゲ　5～6月
- コケスミレ　5～6月
- ヒメコナスビ　7月
- ヒメウチワダイモンジソウ　9～10月
- ホソバハグマ　9～10月
- ヤクシマツルリンドウ　9～10月

お楽しみポイント

縄文杉トレッキング

屋久島の代名詞でもある縄文杉にたどり着くには、長時間のトレッキングが必要。荒川登山口から大株歩道を合計22km歩く（所要約10時間）。登山口へは屋久杉自然館から荒川登山バス（所要約40分）の利用が必須で、乗車券は前日までに観光案内所などで要購入。途中、大王杉や三代杉、ウィルソン株など、名だたる巨木が点在し、太古の森の魅力が存分に堪能できる。かなり険しい山道もあるため、しっかりとした登山用の装備で挑みたい。

トビウオの唐揚げ

屋久島の名物であるトビウオ料理のなかでも驚くのが、1匹まるごと揚げる唐揚げ。開いた胸ビレは今にも飛び始めそう。骨まで食べられ、ほくほくの身もおいしい。

太古の森を存分に堪能する　モデルプラン

1日目
- 午前：宮之浦港に着いたらまずチェックイン
  ホテルにチェックインし、その後早めのランチタイム。
- 午後：海岸線沿いの県道をドライブ
  レンタカーで島を一周。永田いなか浜や西部林道、千尋の滝などの名所を巡る。次の日に備えて早めに就寝。

2日目
- 午前：早起きで縄文杉トレッキングへ
  日帰りで安全に下山するためには、早朝4時頃に宿を出る必要がある。6時頃に荒川登山口着、出発前にしっかりと準備運動をしたい。トロッコ道をたどり、三代杉や仁王杉を過ぎると、大株歩道の入口に着く。さらに2時間ほど歩けば、ついに憧れの縄文杉とのご対面。
- 午後：下山。温泉で疲れを癒やす
  縄文杉近くで昼食をとったら下山。午前とは雰囲気の違う姿が見られる。ホテルに戻ったら、屋久島のグルメや温泉を満喫して、のんびりと過ごす。

3日目
- 午前：白谷雲水峡へ。苔むした森を歩く
  白谷広場から白谷雲水峡へ入っていく。往復2時間ほど、神秘的な苔むした森を満喫。
- 午後：屋久杉の工芸品をおみやげに
  お気に入りのおみやげを探し、帰路につく。

Column
屋久島は花崗岩の島

屋久島の山地は花崗岩が隆起してできたものだという。屋久島の花崗岩は大きな間隔で亀裂が入りやすいという特徴を持ち、山地で割れ目の入った岩や大きな岩塊がよく見られるのはそのため。また、土砂が溜まりにくいため、島を流れる川では砂の溜まった河原がほとんど見られず、水も澄んでいる。

! **ひとこと情報**　登山道ではトイレ以外での排泄は禁止。トイレがある場所でできるだけ済ませておこう。

太古の森が残る小笠原諸島の有人島

東京

13 母島 _{ははじま} 世界遺産

神秘に満ちた森の島 ● 母島

母島の最高峰・乳房山山頂からの風景。
天気が良ければ北側に父島が見られる

ジャングルの中には旧日本軍の高角砲が当時の姿のまま残る

母島のシンボル的存在、ガジュマルの木の下でほっとひと休み

清見が岡の鍾乳洞。観光協会でヘルメットを貸してくれる

南崎より母島全体が見渡せる。海に潜ればテーブルサンゴが見られる

13 母島（ははじま） 東京

神秘に満ちた森の島 ● 母島

亜熱帯の密林に抱かれた有人島
歴史や景勝に出会うトレッキング

大小30余もある小笠原諸島で、人々が暮らしているのは、主島の父島とこの母島のみ。島のほとんどは亜熱帯の密林に覆われている。戦時中には日本の防衛の要地として要塞化され、今も多くの戦争遺跡が緑のなかに残る。戦前までは南北にひとつずつ村があったが、捕鯨で賑わった北村は廃村となり、現在は港近くの沖村のみとなった。

集落を外れると、起伏に富む緑のジャングルが広がる。トレッキングコースが各地に整備されている。北東部の石門コースは、樹高約20mの湿生高木林が茂る濃密なジャングルを進む。3～9月のみ入山可能で、東京都認定の自然ガイドの同行が必要だ。南部の南崎ルートでは、岬と白浜、海を見晴らす絶景が待っている。

島データ

東京都小笠原村
- 面積 約20k㎡
- 周囲 約58km
- 人口 約470人（平成28年4月）
- 最高地点 463m（乳房山）
- 問い合わせ先　小笠原母島観光協会 ☎04998-3-2300

お楽しみポイント

小笠原ラム酒

小笠原は亜熱帯の気候を利用して、ラム酒の原料となるサトウキビを栽培していた歴史があり、村おこしの一環として小笠原ラム・リキュール（株）が設立された。小笠原では国産のラム酒が楽しめる。

©小笠原村観光局

Column
沖村集落にあるロース記念館

ドイツ人のロルフス・ラルフ（1823～1898）は母島に定住し、島の開拓に貢献した人物。この記念館は彼が発見した、耐火性が強く加工しやすい「ロース石」でできている。砂糖収納庫などとして使われたが、現在は郷土資料館になっている。

アクセス方法

⚓ 父島二見港から定期船で約2時間

母島までの直行便はないため、父島で定期船「ははじま丸」に乗り継ぐ（竹芝桟橋から父島まで「おがさわら丸」で24時間）。父島の二見港からおがさわら丸の入港日に合わせ、ははじま丸が週に4便程度運航。島内にバスは走っておらず、レンタカーやレンタルバイク、予約制の乗り合いタクシーでの移動が必要。

🍀 常夏ではないが温暖な気候　季節／時間

| 1 | 2 | 3 | 4 | 5 | 6 | 7 | 8 | 9 | 10 | 11 | 12 |

1～3月は平均気温が20℃を下回るので、防寒対策は忘れずに。夏は気温も湿度も高いため、速乾性のある衣類を用意したい。母島の固有種が見られる石門は、アカガシラカラスバトの繁殖期である10～2月は入林が禁止されているので注意したい。

ザトウクジラ 1～4月　パッションフルーツ 4～7月

📝 ネイチャーランドを満喫　モデルプラン

1～2日目 全日：竹芝桟橋から船を乗り継ぎ、合計約26時間で母島へ
「おがさわら丸」で24時間、2日目のお昼目には父島着。「ははじま丸」に乗り換え、14時には母島の沖港に到着。

3日目 午前：小笠原でとくに貴重なエリア・石門をトレッキング
トレッキング用装備を着用し、石門の密林の中を探検するツアーに参加。ガイドの説明を聞きながら、小笠原の固有種に出会える（3～9月のみ、所要約7時間）。

3日目 午後：夜は360度の視界が開ける地で星空ウォッチング
トレッキング後はのんびりしたい。夕飯を食べたあとは旧ヘリポートで満天の星を観察。

4日目 午前：イルカと一緒に泳げる海へ
半日のネイチャーツアーに参加。イルカと泳いだり、シュノーケリングで海の中を観察したり、母島の海を満喫。

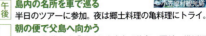
©小笠原村観光局

4日目 午後：島内の名所を車で巡る
半日のツアーに参加。夜は郷土料理の亀料理にトライ。

5～6日目 全日：朝の便で父島へ向かう
12時に出港する「ははじま丸」で父島へ戻り、港近辺の食堂でごはんを食べる。父島から竹芝桟橋までは1日がかりの長い航海となり、次の日夕方に到着。

ひとこと情報　母島にはお弁当を販売している店がないので、昼のごはんはレストランや宿に頼んでで作ってもらおう。

多くの固有種を育むマングローブの森

14 西表島 (いりおもてじま) 沖縄

Iriomotejima

VOICE
マングローブの干潟は、石垣のサンゴ礁とはまったく違う野生の海に感激しました。シーカヤックで滝壺の近くまで行ったり、海で小魚を釣ったりしました(koge)

神秘に満ちた森の島 ● 西表島

島の90%の面積を覆う亜熱帯の森。稀少生物が数多く生存する

シュノーケリングスポットとしても人気のある星砂の浜

水しぶきが舞い散るユツン三段の滝。滝の上から眺める景色も壮観

隣の由布島へと渡る水牛車。のんびりとした時間が流れる

14 西表島(いりおもてじま) 沖縄

神秘に満ちた森の島 ● 西表島

豊かな自然林が育む貴重な動植物のパラダイス

沖縄県内では本島に次ぐ大きさ。海岸近くにまで山が迫り、亜熱帯性の原生林に覆われている。昭和40年(1965)に見いだされ世紀の発見といわれたイリオモテヤマネコをはじめ、カンムリワシ、イリオモテシャミセンヅルなど、固有種や天然記念物を含めた希少な動植物が数多く生息。島内には河川や滝も多く、河口域のマングローブ林には国内で見られる7種すべてがそろっている。

キャニオニングやカヌー、マングローブ・クルーズ、トレッキング、シュノーケリングと、自然のなかでのアクティビティも充実している。また、西表でぜひ体験したいのが水牛車。満潮時でも水深1mほどという遠浅の海を水牛車に揺られて由布島へと渡る。

島データ
沖縄県八重山郡竹富町
- 面積 約290km²
- 周囲 約130km
- 人口 約2300人(平成27年1月)
- 最高地点 469.5m(古見岳)
- 問い合わせ先 竹富町観光協会 ☎0980-82-5445

アクセス方法
⚓ **石垣島離島ターミナルから高速船で約40分**

石垣島離島ターミナルから西表島へは、上原港行きが1日最大11便、往復3910円、所要は直行便で約40～45分。上原港周辺は宿泊施設や飲食店などが集まっており観光に便利だが、冬は北風の影響で欠航も多いので注意。大原港行きは1日最大18便、往復2980円、所要は直行便で約35～40分。

🍀 オールシーズン楽しめる南国　季節/時間

| 1 | 2 | 3 | 4 | 5 | 6 | 7 | 8 | 9 | 10 | 11 | 12 |

夏は台風に注意が必要だが、サガリバナやパインや島バナナなどの南国フルーツが楽しめる。5月～6月は梅雨。海水浴は4～10月まで楽しめる。南国独特の節祭もタイミングが合えばぜひ。

サガリバナ 6月下旬～7月下旬　**節祭** 旧暦の10月頃

Column
この島の名前を持つ、イリオモテヤマネコ

西表島にしか生息せず、生息数は現在100頭ほどで絶滅の危機にある。20世紀の発見以前から、島では「ヤママヤー(山にいるネコ)」や「ヤマピカリャー(山で光るもの)」として、その存在を認識されていた。竹富町のご当地キャラクター「ピカリャ～」もイリオモテヤマネコをモチーフとしている。

お楽しみポイント

🦀 マングローブガザミ

西表島のマングローブの森の河口付近に生息するワタリガニの一種。大きな体とハサミが特徴。味は濃厚で、鍋やそばに入れたり、カニ汁にして食べる。

✏️ 固有の大自然を体感する　モデルプラン

1日目 午後　マングローブに囲まれた八重山諸島最大の島へ
飛行機で新石垣空港に到着。石垣島離島ターミナルに移動し、フェリーで西表島へ。ホテルに宿泊。

2日目 午前　亜熱帯の森をトレッキングで満喫
ツアーに参加して、カヌーやトレッキングで広大なマングローブの森を散策して、西表の珍しい植物や動物に出会う。昼食には島料理や南国フルーツがおすすめ。

2日目 午後　ゆったりと流れる島時間を過ごす
午後は水牛車に乗って由布島へ。島観光を堪能したら、また水牛車に揺られて戻る。夕暮れどきにはトゥドゥマリの浜などビーチを散歩するのもロマンティック。

3日目 午前　クリアブルーの海で、サンゴに出会う感動を体験
上原港から船でバラス島へ移動し、シュノーケリングを楽しむ。まるで花畑のように一面にサンゴが群生する美しい海の景色は、忘れられない思い出になる。

3日目 午後　空港でグルメやおみやげ探しも忘れずに
フェリーで石垣島へ移動。新石垣空港でおみやげを購入したら、飛行機で帰路につく。

ひとこと情報　宿泊施設の多くは上原港周辺にある。豪華なリゾートホテルから家庭的な民宿まで、好みに合わせてさまざま選べる。

利尻富士の麓に鬱蒼とした樹海が広がる

北海道

15 利尻島
りしりとう

「利尻富士」と称される山景を楽しみ海辺で特産の昆布とウニを味わう

　稚内の西方約50kmの洋上に位置する島の中央に、標高1721mの利尻山がそびえ立つ。シンメトリーの美しい山容から「利尻富士」と呼ばれ、日本百名山のひとつに数えられる。登山愛好家に人気の山。なだらかな裾野は海岸線まで続き、山が島全体を形づくる。本格登山に挑戦すれば、原生林の島を大海が包み込む絶景が山頂で待っている。山腹まで車を乗り入れ、原生林に美しい湖沼の点在する遊歩道を散策し、野鳥の声に耳を澄ますのもいい。観光スポットは、沿岸部に集まっている。

島データ
北海道利尻郡利尻富士町、利尻町
面積 約180km² **周囲** 約65km **人口** 約4800人（平成28年3月） **最高地点** 1721m（利尻山）
問い合わせ先 利尻富士町役場商工観光係 ☎0163-82-1114
利尻町役場まちづくり振興課 ☎0163-84-2345

アクセス方法
⚓ 稚内港からフェリーで約1時間40分
✈ 新千歳空港から飛行機で約50分

新千歳空港からの飛行機は夏季限定の1日1便のみなので、スケジューリングの際は注意を。フェリーなら1日2〜4往復（季節により変動）しており、稚内港から島北部の鷲泊港に着く。また、礼文島（P.88）を経由する航路も利用できる。

神秘に満ちた森の島 ● 利尻島

南浜湿原の向こうに利尻富士を望む

荒々しい磯の仙法志御崎公園の一角ではアザラシを見ることができる

冬の雪をまとった利尻山も見事。島には温泉もあり合わせて楽しみたい

ベストシーズンは夏　季節／時間

1	2	3	4	5	6	7	8	9	10	11	12

高山植物が多く生息し、リシリの名を冠する固有種もあるのが特徴。6月から初夏の花々が開花を迎え、8月までが高山植物の見ごろ。この時季は昆布干しの風景や旬のウニも楽しめる。

エゾカンゾウ 6〜7月　リシリヒナゲシ 7〜8月

お楽しみポイント

利尻昆布
肉厚で甘さとコクが強く、全国的に知られる名産品。だしをとるのに最適で、利尻昆布焼酎や利尻昆布ラーメンなど商品も豊富。

ウニ
利尻昆布を食べて育つため旨みが濃厚。6〜9月が漁期のキタムラサキウニと、7〜8月が漁期のエゾバフンウニの2種類がある。

鴛泊を起点に沿岸部を一周　モデルプラン

1日目

午前：**フェリーで鴛泊港に到着**
季節により時刻は異なるが、稚内を午前に発つ便は8時半〜9時前後に着く。

午後：**標高444mのポン山をトレッキング**
利尻山の鴛泊登山口から徒歩10分の場所に最北の日本名水百選「甘露泉水」が湧く。ポン山へのトレッキングコースなら気軽に森の自然や山頂の360度パノラマを楽しめる（往復2〜3時間）。宿泊は宿の多い鴛泊市街で。

2日目

午前：**利尻富士を望むビュースポット巡り**
定番の姫沼、オタトマリ沼周辺を散策。水面と原生林の先にそびえる利尻富士は見事。穴場である南浜湿原もぜひ。

午後：**仙法志、沓形を通って鴛泊まで一周**
仙法志御崎公園、沓形岬公園などに立ち寄りつつ、鴛泊へ。夕日ヶ丘展望台の夕景で一日を締めくくりたい。

3日目

午前：**鴛泊周辺の見どころを観光**
ペシ岬や、エゾカンゾウの群生が美しい富士野園地、美術館「カルチャーセンター・りっぷ館」などを観光。

午後：**フェリーで稚内へ**
鴛泊から稚内へ。礼文島へ移動してもいい。

 ひとこと情報 利尻山の登山道は鴛泊からと沓形からの2コースあり、どちらも往復10〜12時間ほど。地元のおすすめは鴛泊コース。

イルカの島で巨樹の森に出会う

東京

16 御蔵島
みくらしま

一帯が原生林に覆われ、水資源も豊富な美しい自然の島

黒潮がもたらす島の豊かな自然
巨樹の森とハンドウイルカの群れ

東京の都心部から南へ約200kmの洋上に浮かぶ、こんもりとした円形の島。沿岸部にビーチと呼べるような浜辺はなく、最高で480mもの切り立った断崖に囲まれ、中央に標高851mの御山などの峰々が連なる。島の大半はツゲやクワ、シイなどの巨樹の原生林に覆われている。商店がわずか2軒の小さな集落が北部にある。巨木の森でトレッキングを楽しむ場合、ほとんどのコースはガイドの同行が必要だ。5月頃には島固有種のニオイエビネランの可憐な花をえびね公園などで楽しめる。イルカウォッチングも人気。

島データ

東京都御蔵島村
面積 20.54km² 周囲 16km 人口 約310人(平成27年8月)
最高地点 851m(御山)
問い合わせ先 御蔵島観光協会 ☎04994-8-2022

アクセス方法

⚓ **東京・竹芝桟橋**から**大型客船**で約7時間30分
⚓ **大島空港**から**ヘリコミューター**で約30分

東海汽船の八丈島航路を利用する。竹芝桟橋から三宅島、御蔵島、八丈島の3島を1日1往復(夏季の上り便は大島にも寄港)。22:30に竹芝を出航し、翌朝5:55に御蔵島着。空路は調布飛行場から大島(新中央航空1日1便)、または羽田空港から八丈島(ANA1日3便)に移動し、そこからヘリコミューターを利用する。

神秘に満ちた森の島 ● 御蔵島

VOICE 小さな島ながら、深い森とイルカと泳げる海が魅力的！(A.O.)

雨が多く潮風の影響が大きい　季節／時間

| 1 | 2 | 3 | 4 | 5 | 6 | 7 | 8 | 9 | 10 | 11 | 12 |

4〜11月はドルフィンスイムのシーズンになるため宿泊先の確保は余裕をもって済ませておきたい。ハイキングは基本的に通年楽しめるが、ほとんどのコースでガイドの同行が必要となる。日本一太いスダジイを見る南郷コース、展望を楽しむ山岳コース、都道村道から海側へ下りるコース、森林浴が楽しめるコースなど、山から森へと島内に10種類のハイキングコースがある。

ニオイエビネ 4〜5月　**ハコネコメツツジ** 5〜6月

お楽しみポイント

イルカウォッチング

島の周囲には野生のミナミハンドウイルカが100頭ほど生息。高い確率でイルカに会うことができる。イルカ保護のため、3月15日〜11月15日に限られている。

イルカウォッチングを満喫　モデルプラン

1日目 午後　竹芝桟橋旅客ターミナルから出発
伊豆や小笠原諸島への玄関口である竹芝桟橋から22:30発の大型客船に乗り、御蔵島へ向かう。

2日目 午前　御蔵島港からすぐ近くのイルカの見える丘へ
早朝6:00頃御蔵島に上陸。御蔵島港から徒歩7分のイルカの見える丘へ。島名物の玉石がある海岸「たりぼう尻」から、運が良ければイルカの群れを観察できる。

午前　昼食を済ませ観光案内所で情報収集
みくらしま観光案内所で島の最新情報を手に入れ、イルカウォッチングに備える。地魚の刺身などが食べられる食事処「美々庵」で昼食をとる。

午後　イルカウォッチングまたはドルフィンスイムを楽しむ
宿泊先で予約を入れたイルカウォッチング船クルーズへ。野生のミナミハンドウイルカと楽しい時間を過ごす。

3日目 午前　集落からすぐ近くのハイキングスポットへ
午後の出港前まで、ガイド同行が不要であるタンテイロコースでハイキング。巨樹が生い茂る森が広がる。

 ひとこと情報 島内には宿が8軒と村営のバンガローが5棟あり、宿泊の予約をしていない場合は御蔵島に上陸できない。

妖怪ケンムンが潜むガジュマルの森

鹿児島

17 加計呂麻島
（かけろまじま）

道路沿いにある嘉入の滝は落差15m。冷涼な空気が漂う

いにしえの信仰と伝統を伝え
奄美の原風景を残す島

　複雑に入り組んだ海岸線ぎりぎりにまで熱帯の緑に覆われた山々が迫る。ガジュマルの巨木やデイゴの花、サトウキビ畑が広がり、まるで島唄の歌詞のような奄美の景色だ。人々は今も古くからの伝統を守り、神々や先祖を大切に祀って暮らす。クガツクンチと呼ばれる旧暦の9月9日には大屯（おおちょう）神社で諸鈍シバヤという神事が催される。国の重要無形民俗文化財に指定される郷土芸能で、落ち延びてきた平家がルーツともいわれており、鳴り物に合わせて紙の面をつけた演者が踊る。

島データ
鹿児島県大島郡瀬戸内町
面積 約77km²　周囲 約150km　人口 約1300人（平成28年5月）　最高地点 326m（加崎岳）
問い合わせ先 瀬戸内町役場 商工観光課 ☎0997-72-1115
せとうち海の駅観光案内所 ☎0997-72-1199

アクセス方法
⚓ **奄美大島・古仁屋港**から**フェリーで約25分**

奄美空港から、車またはバスを乗り継ぎ、約1時間45分で奄美大島の南端にある古仁屋港へ。古仁屋港からは、フェリーか海上タクシーで加計呂麻島に渡る。生間港まで約20分、瀬相港までは約25分で到着する。島内はバスでの移動もできるが、本数が少ないので注意が必要。

神秘に満ちた森の島 ● 加計呂麻島

Kakeromajima

コバルトブルーの海を、プライベートビーチ感覚で泳げる

いたずら好きのケンムンという妖怪が住むといわれる、ガジュマルの木が鬱蒼と茂る

四季を通して楽しみが多い　季節／時間

| 1 | 2 | 3 | 4 | 5 | 6 | 7 | 8 | 9 | 10 | 11 | 12 |

一年を通して温暖で、どの季節にも散策やマリンスポーツを楽しむことができるが、過ごしやすいのは春か秋。島の名所であるデイゴ並木は、5～6月に真っ赤な花を咲かせ、9月には伝統行事の諸鈍シバヤが行なわれるなど、季節のイベントもさまざまだ。目的に合わせて予定を立てたい。

デイゴ 5月～6月上旬　　サトウキビの製糖 12～4月

お楽しみポイント

 黒糖工場見学

加計呂麻島はサトウキビ畑が多く、きび酢や黒糖の生産が盛ん。島内にはいくつかの製糖工場があり、冬から春にかけて黒糖作りが見学できる。できたての黒糖を味見できるのもうれしい。

島の東から西まで周遊　モデルプラン

1日目
- 午前：奄美大島の古仁屋港から船で加計呂麻島へ
  入り組んだリアス式海岸を眺めつつ、船旅を楽しもう。
- 午後：島の東側を散策する
  デイゴ並木やガジュマル、スリ浜などの名所を巡ったり、塩工房の見学をするのもいい。夜は海沿いのペンションでのんびりとくつろぎたい。

2日目
- 午前：マリンスポーツを思いきり楽しむ
  ダイビングで海中散策へ。サンゴ礁が広がり熱帯魚が泳ぐ、透き通った加計呂麻島の海を満喫する。
- 午後：クルージングで絶景に出会う
  ヨットクルーズやシーカヤックで海の景色を堪能しよう。夕方には、大島海峡に沈む美しい夕日が見られる。夕食には島料理を味わいたい。

3日目
- 午前：島の西側で名所巡りに出かける
  島尾敏雄文学碑や嘉入の滝、サンゴの石垣が続く集落を訪ね、島の暮らしや文化に触れる。
- 午後：船に乗り奄美大島へ
  黒糖や塩など島の名産をおみやげに買い、島を離れる。

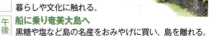

ひとこと情報 映画『男はつらいよ 寅次郎紅の花』をはじめ、ロケ地としても有名。撮影に使われた場所を巡るのもおすすめ。

日本海に浮かぶ氷河期のタイムカプセル

島根

18 隠岐島後
おきどうご

Oki-Dogo

神秘に満ちた森の島 ● 隠岐島後

大満寺山中にある乳房杉は、大小24個もの乳房のような根が垂れ下がった神秘的な姿をしている

屋那の松原・船小屋群。松は、長寿伝説で知られる八百比丘尼が一晩で植えたという言い伝えがある

不思議な形をしたローソク島は隠岐を代表する景勝地のひとつ

壇鏡神社の両側に流れ落ちる壇鏡の滝は、「日本の滝百選」にも選ばれている

牛突きは流刑になった後鳥羽上皇を慰めるために始まったとされる

18 隠岐島後 島根

神秘に満ちた森の島 ● 隠岐島後

壮観な断崖絶壁を見せる島後は動植物の固有種も多い貴重な島

　大山隠岐国立公園にある隠岐島とは隠岐諸島のことで、その最大の島が島後(隠岐の島町)。西郷港ターミナルにはゲゲゲの鬼太郎やねずみ男の石像が待つが、これは境港市の「水木しげるロード」に続くもの。島には樹齢約2000年の八百杉、乳房のようなこぶが垂れ下がる樹齢約800年の乳房杉などの有名な大杉があり、ぜひ見ておきたい。

　平成27年(2015)にユネスコ世界ジオパーク(大地の公園)に加盟し、白島海岸や夕日に灯るローソク島、浄土ヶ浦、トカゲ岩、油井の池などにその景観が味わえる。植物相ではオキシャクナゲや自生のナゴランなど、動物相もオキノウサギやオキマイマイなどといった本土とは異なる島後の固有種が多く生息し、貴重な生態系を見せている。

島データ
- 島根県隠岐郡隠岐の島町
- 面積 約242km² 周囲 約211km
- 人口 約1万5000人(平成28年5月)
- 最高地点 608m(大満寺山)
- 問い合わせ先
- (一社)隠岐の島町観光協会 ☎08512-2-0787

お楽しみポイント

島の素材たっぷりのスローフード
島後ならではの素材をふんだんに使った伝統食は、しみじみおいしいものばかり。採れたてのたけのこや山菜が入った「煮しめ」は懐かしい味わい。ほかにも焼きサバを出汁に使い、岩海苔が入った独特なおそば「隠岐そば」もぜひ食べておきたい一品だ。都万目の古民家などでは、かまどでご飯を炊き、囲炉裏を囲んで食べる田舎料理体験などを行なっている(創生館☎08512-5-2845へ要予約)。

Column
ローソク島が生み出す神秘的な風景

隠岐島後が誇る絶景といえばやはりローソク島。とくに岩の先端に夕日がさしかかる瞬間は、息をのむほど神秘的で美しい。そんな絶景を見逃さないようにするには、遊覧船が便利だ。隠岐の島町観光協会で予約が可能(大人2600円、4〜10月催行)。

アクセス方法
- ⚓ 境港から高速船で約1時間20分
- ✈ 出雲空港から飛行機で約30分

飛行機で行く場合は、島根・出雲縁結び空港からは約30分、大阪・伊丹空港からは約1時間で隠岐世界ジオパーク空港に到着。高速船やフェリーを利用する場合は、境港または七類港から発着する。高速船の場合、約1時間20分で西郷港へ到着。フェリーの場合、料金は割安だが直行便で2時間半ほどかかる。

四季を通して魅力的な島　季節／時間

1	2	3	4	5	6	7	8	9	10	11	12

隠岐の自然を満喫できる春から秋にかけてがおすすめ。冬は海が荒れることもあるので避けたほうがよい。島の伝統行事である牛突きは年に4回行なわれ、それに合わせて行く手もある。また、隠岐は豊かな生態系でも知られ、春には隠岐の固有種である可憐なオキシャクナゲ、夏には色鮮やかなハマナスなど、四季を通してさまざまな植物が楽しめる。

- オキシャクナゲ 4〜5月
- ハマナス 5〜8月

島のパワースポットを巡る　モデルプラン

1日目 午前　本土の港を出発し、高速船で西郷港へ
西郷港ではゲゲゲの鬼太郎の石像が迎えてくれる。

1日目 午後　ローソク島に夕日がさしかかる瞬間に立ち会おう
遊覧船に乗ってローソク島のベストビューポイントへ。夕日がさしかかる絶景は感動もの(要予約)。

2日目 午前　島内屈指のパワースポット、乳房杉をめざす
大満寺山中にある樹齢約800年といわれる巨木。周辺は神秘的な空気に包まれている。港から車で1時間ほど。

2日目 午後　由緒ある玉若酢命神社でお参り。
隠岐のなかでは最古の神社で、樹齢約2000年ともいわれる八百杉も必見。島にはほかにも壇鏡の滝、かぶら杉などパワースポットが目白押しだ。見どころは島のあちこちに点在するので移動はレンタカーが便利。

3日目 午前　島後ならではの景色を目に焼き付ける
屋那の松原には、樹齢300年ともいわれる美しい黒松の老木が立っている。周辺には杉皮葺きの舟小屋が建ち並び、ひなびた風景にふっと心が癒される。

3日目 午後　西郷港に戻り、帰途へ
西郷港には島の名産を置く売店も併設されているので、待ち時間に島らしいおみやげを探してみよう。

> ひとこと情報　宿は島全体に点在しており、港や空港に近い西郷地区、ローソク島に近い五箇地区など、選ぶことができる。

離島はじつは温泉天国。海を見ながらいいお湯に浸かろう
温泉アイランド ≡TOPIC≡

昼間は人が集まる石白川海水浴場も夜にはひっそり

絶景事典 photo by 米本 遼平

与謝野晶子は式根島を訪れ、「波かよう門をもちたる岩ありぬ式根無人の嶋なりしかば」と詠んだ。海沿いに記念碑が立つ

海を目の前に望む地鉈温泉。なたで割ったような地形から名付けられた。源泉は約80℃あり、海水が混ざって適温になったところを探して浸かる。水着着用が義務付けられている

19 式根島 東京

「式根松島」と呼ばれる景勝の島 野趣に富む海中露天風呂を楽しむ

入り組んだリアス式海岸が美しいこの島では、海中に湧く野趣満点の露天風呂が人気。V字状の谷間にある地鉈温泉は茶褐色、足付温泉は無色透明でそれぞれ効能が異なる。どちらも波打ち際の岩場にあり、海や夕日の眺望が素晴らしい。源泉が高温のため、適度に海水が入る時間帯に入りたい。いつでも適温で入れる松が下 雅湯もあり、3つの露天風呂は24時間無料で利用でき、水着が必要。内湯の施設もある。

島データ
東京都新島村
面積 約3.7km² 周囲 約12km 人口 約540人（平成28年6月）
最高地点 109m（唐人津城）
問い合わせ先 式根島観光協会 ☎04992-7-0170

アクセス方法
⚓ **東京・竹芝桟橋**から**ジェットフォイル**で約3時間

竹芝桟橋からはジェットフォイルのほか大型客船も運航。所要約10時間だが、夜のうちに移動して早朝島に到着するので、朝から動ける。伊豆の下田港からもフェリーが出ており、所要3時間。近隣の新島から連絡船を使ってもアクセスできる。所要15分。島内の移動はレンタサイクルが便利で、レンタカーもある。

TOPIC ● 温泉アイランド

海に浮かぶ島は火山活動が盛んな場所に多いため、自然と温泉が湧くことも多い。
波音を聞きながら、露天の風呂に浸かるひとときは何ともいえない贅沢さ。
水着着用が必須のところ、禁止のところ、さまざまなので入る前に注意。

20 硫黄島（いおうじま） 鹿児島

今も白い煙を噴き上げる
鉱物と温泉に恵まれた火山の島

　激戦の地として知られる東京都の硫黄島との混同を避けるため薩摩硫黄島とも呼ばれる。かつては硫黄、ゼオライトと鉱物の採掘で栄えたが、今は130名ほどの人々がのんびりと暮らす風光明媚な島だ。喜界カルデラの一部で今も硫黄岳からは噴煙が立ち上っており、海辺の天然温泉が旅行者の人気を集めている。『平家物語』や能、歌舞伎でも有名な俊寛僧都が流された島としても知られる。

島データ
鹿児島県鹿児島郡三島村
面積 約11.7km²　周囲 約19.1km
人口 約130人（平成28年4月）　最高地点 704m（硫黄岳）
問い合わせ先
三島村観光案内所　☎09913-2-2370

アクセス方法
⚓ 鹿児島港からフェリーで約4時間
✈ 鹿児島空港から飛行機で約50分

空路でのアクセス（月・水曜の週2回往復、要予約）が便利。フェリーは通常時は同じ竹島、硫黄島、黒島を1泊2日で週3回往復する。連休時などは変動する場合もあり、事前に要確認。島内にはバスやタクシー、レンタカーなどはないので、フェリーで車を持ち込むか、レンタサイクルを活用。車を貸してくれる民宿もある。

島の東側にそびえる硫黄岳は、活発に噴煙を上げている

断崖と海に囲まれ、適温の海に入るような味わいの東温泉。水着着用可

潮が満ちると海水が混ざり適温になる坂本温泉。満潮時には温水プールのように

81

【 湖に浮かぶ島 】

日本唯一の湖上の有人島

沖島 滋賀
おきしま

日本最大の湖、琵琶湖に浮かぶ。面積約1.5km²、周囲約6.8kmで、琵琶湖の島のなかで最大規模。約300人が暮らしており、定住者がいる湖の島は国内でここのみ。奥津島神社、弁財天など神社が多い。

エゾシカが棲む幻想の島

中島 北海道
なかじま

洞爺湖には4つの島があり、面積約4.9km²の中島が最大。8つの高峰がそびえ、最高点は標高459mのトーノシケヌプリ。エゾシカが250頭ほど生息し、桟橋近くに姿を見せることも。森林博物館もある。

浜名湖の人気リゾート島

弁天島 静岡
べんてんじま

複雑な形と生態系を持つ浜名湖の南端近くにある島。湖面に建つ赤鳥居がシンボルで、周囲に広がる浅瀬で潮干狩りや海水浴を楽しめる。リゾートホテルや料理自慢の民宿があり夕景や夜の風情もよい。

Column 2 湖の島・川の島

海から離れた島めぐり

多様な地形に富む日本列島で、島があるのは海だけではない。
湖に時が止まったかのような島があったり、川にパリのような文化が薫る中洲があったり、
湖や川の島めぐりも驚きと発見の連続だ。

【 川のなかの島 】

巨大都市の文化・芸術の地

中之島 大阪
なかのしま

水都・大阪の中心部、堂島川と土佐堀川に挟まれた約3kmの中洲。江戸時代に水運業で栄え、大正期以降は官公署や商業ビルが建てられた。近年は再開発によって複合施設が増え、最先端文化の発信地に。

博多名物の屋台が並ぶ

中洲 福岡
なかす

那珂川と博多川の間に横たわる約1kmの中洲は、九州最大の歓楽街だ。おでんや焼き鳥、ラーメンが名物の屋台街、バーやクラブが軒を連ねる。日中は静かな雰囲気で、ネオンが輝く夜に俄然活気づく。

潜水橋が架かる川中島

善入寺島 徳島
ぜんにゅうじとう

日本屈指の清流、吉野川河口から約30kmの場所に広がる500haもの川の中の無人島。増水時には水面下に沈む構造の潜水橋が5本架かり、風情にあふれる。広大なひまわり畑など四季の花も美しい。

鮮やかに。花の島

季節の訪れとともにつぼみを開き、島を一色に染め上げる花々。
その時にしか見られない島の姿を、目に焼き付けよう。

- 21 能古島 84
- 22 礼文島 88
- 23 八丈島 90
- 24 伊豆大島 94
- 25 神津島 98
- 26 飛島 100
- 27 淡路島 102
- 28 因島 106
- 29 沖永良部島 108

TOPIC 猫の楽園島
- 30 青島 110
- 31 真鍋島 111
- 32 田代島 112
- 33 江の島 113

Column ウサギの島
- 34 大久野島 114

一面の菜の花が島の春を彩る

福岡

21 能古島
のこのしま

Nokonoshima

> 一年を通じ、さまざまな花が楽しめる「のこのしまアイランドパーク」。桜の頃には、一面に菜の花も咲き誇る

鮮やかに。花の島 ● 能古島

VOICE
鮮やかな花が一面を覆い、その向こうに海が見えます。そんな絶景を眺めながら、レストランのテラス席でいただくビールは最高でした（谷口）

「のこのしまアイランドパーク」では、秋になると園内に植えられた80万本のコスモスが見ごろを迎える

パーク内の花の小径では、季節ごとの色とりどりの花を愛でながら散策を楽しみたい

ひまわりは、種をまく時期をずらし、開花時期に時間差をつける。観賞用のほか、摘み取って持ち帰れるひまわり畑もある

21 能古島 福岡

鮮やかに。花の島 ● 能古島

季節の花々が咲き誇り
博多っ子たちに愛される憩いの島

博多湾の真ん中に浮かぶ周囲12kmの小島。福岡市の姪浜から船でたった10分、1時間ごとに定期便が出ていることもあって博多っ子御用達の行楽地となっている。島は海水浴が楽しめるビーチやキャンプ村、木々の茂った散策路が整えられて、週末ごとに賑わう都会の人々のオアシスだ。

なかでも15万㎡という広大なのこのしまアイランドパークは桜やツツジ、コスモス、水仙と一年を通して季節の花々が咲き、バーベキューやアスレチック、スポーツなども楽しめるとあって大人気。小説家・檀一雄が晩年を過ごしたことでも知られ、島内には文学碑が立てられており、毎年5月には氏をしのぶ会、花逢忌が執り行なわれる。

島データ
- 福岡県福岡市
- 面積 約4㎢ 周囲 約9km
- 人口 約700人(平成28年4月) 最高地点 195m
- 問い合わせ先
- 能古島観光案内所 ☎092-881-2013
- のこのしまアイランドパーク ☎092-881-2494

アクセス方法
⚓ **姪浜旅渡船場**から**フェリー**で**約10分**

能古島へのフェリーへは、姪浜駅からバスで15分の場所にある姪浜旅渡船場から乗船する。所要時間は約10分で1時間ごとに1便(季節により増便あり)。能古島へ車を乗り入れることもできる。

🍀 行楽シーズンには大賑わい　季節/時間

1	2	3	4	5	6	7	8	9	10	11	12

「のこのしまアイランドパーク」では、一年を通じて季節ごとに花が咲いており、とくに3月下旬～4月上旬の桜、10月上旬～11月上旬のコスモスの時期には、多くの人で賑わう。7月上旬～9月下旬には、北端にあるビーチで海水浴も楽しめる。

- 菜の花 3月上旬～4月中旬　桜 3月下旬～4月上旬
- ツツジ 4月上旬～5月上旬　アジサイ 6月上旬～7月上旬
- ヒマワリ 7月下旬～8月中旬　コスモス 10月上旬～11月上旬
- 紅葉 11月中旬～下旬　サザンカ 12月上旬～2月上旬
- ニホンスイセン 1月中旬～2月下旬　海水浴 7月上旬～9月下旬

お楽しみポイント

🍔 のこバーガー
観光案内所「のこの市」で食べられるご当地バーガー。アイランドパーク内でとれた玉ネギなどの野菜と九州産和牛のパテを、福岡市内のパン屋のバンズでサンド。

🍜 能古うどん
能古発祥の名物。「古式切麦」という製法で作られるうどんは、細麺ながらしっかりとしたコシがあり美味。博多市内でも食べられるが、島で食べればまた格別。

🍊 甘夏ミカン
温暖な気候を生かし、島内で育てられる甘夏みかんは、能古島の名産。樹になったまま完熟させる「樹成り」栽培で、3月下旬～7月上旬にかけて収穫される。

📘 博多から日帰り島旅プラン　モデルプラン

午前 — **のこのしまアイランドパークで、季節の花を愛でる**
能古島観光で外せないのが「のこのしまアイランドパーク」。園内では豊富な種類の花や植物が栽培されているほか、明治時代の博多の街を再現した"思ひ出通り"、ミニ動物園など、魅力的なスポットが多数。

午後 — **島に残る歴史スポットを巡る**
能古うどんなどの名物をランチで堪能したら、島の中央南側に位置する早田古墳群や、島の出土品を展示する能古博物館など、能古島の歴史を伝えるスポットを巡ってみよう。夕方にはフェリーで本土へ。季節によっては博多の夜景も楽しめる。夜は博多グルメを満喫したい。

Column
文士、檀一雄が愛した島

昭和に活躍した作家、檀一雄が「魂のふるさと」と呼び、晩年を過ごした地として知られる能古島。住まいだった家は取り壊されてしまったが、島の中央部には辞世の句が刻まれた文学碑が立っている。

ひとこと情報　日帰りで楽しめる島だが、アイランドパーク内にコテージがあるほか、船着場近くにも宿がある。キャンプという選択肢も。

可憐に咲き誇る日本最北端の花の島

22 礼文島
れぶんとう

北海道 Rebunto

平地を染める多彩な高山植物の花々 最北の地で花を愛でるハイキング

現在の日本最北端にある有人島。東海岸はなだらかな丘陵が広がり、西海岸に断崖絶壁が続く。高緯度に位置することから、標高2000m級以上でしか見られない高山植物を平地で見ることができる。6～8月には、レブンウスユキソウなどの固有種を含む多彩な高山植物の花畑が、桃岩周辺や北部西海岸などで目を楽しませてくれる。島最北端のスコトン岬から西海岸沿いには、お花畑や断崖絶壁など変化に富む島の風景を満喫できる散策路「愛とロマンの8時間コース」が続いている。

アクセス方法
⚓ **稚内港**から**フェリー**で**約2時間**

稚内港フェリーターミナルへは稚内空港から宗谷バスで35分、JR稚内駅からは徒歩15分でアクセスできる。ハートランドフェリーに乗船し、礼文島の玄関口になる香深港フェリーターミナルまでは1時間55分。1日に2～4本の運航で、料金は2260円～。

島データ
北海道礼文郡礼文町
- 面積 約81km²
- 周囲 約72km
- 人口 約2700人（平成28年4月）
- 最高地点 490m（礼文岳）
- 問い合わせ先 礼文島観光協会 ☎0163-86-1001

鮮やかに。花の島 ● 礼文島

島内で見られる花は、礼文島固有種など含め約300種にも及ぶ

🍀 高山植物のピークは6～8月　季節／時間

| 1 | 2 | 3 | 4 | 5 | 6 | 7 | 8 | 9 | 10 | 11 | 12 |

登山をしなくても、たくさんの高山植物に出会えるのが礼文島の魅力。5月頃から花が咲き始め、6～8月にかけては色とりどりのお花畑が見られる。トレッキングで訪れる観光客も多い。

レブンソウ

- レブンアツモリソウ　5月下旬～6月中旬
- レブンウスユキソウ　6～8月
- レブンソウ　6月中旬～7月中旬
- レブンコザクラ　5月中旬～6月

レブンアツモリソウ

お楽しみポイント

 エゾバフンウニ

6月～8月中旬にかけて獲れ、濃いオレンジ色の身と甘い味わいが特徴。シーズン中にはウニむき体験も行なっている。

✏️ 花と絶景を心ゆくまで満喫　モデルプラン

1日目

午前：**稚内港から船で礼文島の玄関口・香深港へ**
フェリーターミナル内の観光案内所で情報を集めよう。

午後：**高山植物の宝庫・桃岩展望台コースを歩く**
礼文島で最もポピュラーなコース。景勝ポイントが随所にあり、天気が良い日には利尻富士も見える。

2日目

午前：**高山植物園で島内の花を知る**
香深港から車で30分。季節に応じて約30種の花が咲き誇る。ビジターセンターでは高山植物の資料を展示。

午後：**最北端の岬で美しい景色に出会う**
礼文島最北端のスコトン岬、透明度の高い海が見える澄海岬などを巡る。礼文島固有種のレブンアツモリソウの群生地にも足を運びたい。

3日目

午前：**礼文林道コースでトレッキングを楽しむ**
6月から8月にかけてはレブンウスユキソウの群生も見られる。途中で礼文滝に向かうコースもあるが、急傾斜や沢を渡るので登山に適した装備が必要。

午後：**おみやげを購入して、帰りの船に乗船**
フェリーターミナルあるいは向かいの礼文おみやげセンターで買い物をして、稚内港に向かう。

⚠️ **ひとこと情報**　島に来る前に靴底をきれいに洗う、遊歩道以外の場所を歩かないなど、礼文島の植物を守るためのルールを守って歩こう。

八丈富士の麓が鮮やかに染まる

23 八丈島（はちじょうじま）　東京

悠然とそびえる八丈富士を背景に咲き乱れるフリージア

鮮やかに。花の島 ● 八丈島

Hachijojima

八丈富士の山頂、火口をまわる天空の道。イヌツゲをかきわけながら進む

ヘゴの森の中をハイキング。八丈島はヘゴシダの自生地の北限で天然記念物指定されている。ガイド必須なので注意

広々とした海と小岩戸ヶ鼻を望むみはらしの湯

八丈富士の草原で暮らす牛たち。穏やかな風景に心が癒される

VOICE
東京から飛行機でたった1時間で、しっかり離島気分を味わえる島。八丈富士から見る360度の水平線と、そのあと楽しめる温泉が最高!(由貴)

鮮やかに。花の島 ● 八丈島

23 八丈島（はちじょうじま） 東京

温暖な気候の「まるごと自然博物館」
南国の花咲くカラフルな島を散策

2つの山が両端にそびえるひょうたん形の姿から、テレビ人形劇『ひょっこりひょうたん島』のモデルともいわれる島。年間を通して温暖な気候に恵まれ、ハイビスカスやストレリチア（極楽鳥花）などの色鮮やかな花々が、島内を美しく染めている。なかでもおすすめの花の季節が春。3月頃になると、八丈富士山麓にある大賀郷の八形山フリージア畑が、フリージアの赤や黄色、紫、白、ピンクの鮮やかな色で埋め尽くされる。

春は旬のトビウオが味わえる季節でもある。八丈富士や三原山へのハイキング、あるいは八丈植物公園で、季節の花々に出会うのもいい。八丈ブルーと呼ばれるマリンブルーの海でのダイビングやシュノーケリング、豊富な温泉も楽しめる。

島データ
- 東京都八丈町
- 面積 約69㎢　周囲 約51km
- 人口 約7800人（平成28年5月）
- 最高地点 854m（八丈富士）
- 問い合わせ先
  八丈島観光協会 ☎04996-2-1377

お楽しみポイント

島寿司
伊豆諸島全域で食べられる島寿司は、もとは八丈島発祥。醤油ベースのたれに漬けた魚を甘めの酢飯にのせたにぎり寿司だが、特徴的なのはわさびの代わりに辛子を使うこと。島でわさびが手に入りにくかった頃の名残といわれている。

Column
幻想的！暗闇のなかで光る不思議なきのこ

夜になると光る性質を持つヤコウタケなどの発光きのこが、日本で最も多く生息しているのが八丈島だ。八丈植物公園では夏の夜に無料観察会を実施している。問い合わせは八丈ビジターセンター（☎04996-2-4811）へ。

アクセス方法
- ⚓ 東京・竹芝桟橋から大型客船で約10時間20分
- ✈ 羽田空港から飛行機で約55分

東京の竹芝桟橋から八丈島の底土港まで、東海汽船の大型客船「橘丸」が1日1往復運航。竹芝桟橋を22:30に出発し、三宅島、御蔵島を経由して翌朝8:50に八丈島に到着する。羽田空港からはANAの直行便が1日3往復運航している。

🍀 一年中美しい花が見られる　季節／時間

1	2	3	4	5	6	7	8	9	10	11	12

3月下旬〜4月上旬にフリージアの花畑が見ごろを迎え、それに合わせて八丈島フリージアまつりが開催される。ハイビスカスは夏の花のイメージだが、八丈島では5月から咲き始める。夏の花火大会やサマーコンサートをはじめ、年間を通してイベントも多く開催されている。

- フリージア　3月下旬〜4月上旬
- ハイビスカス　5〜10月
- ストレリチア　通年
- 八丈島納涼花火大会　8月中旬

📝 海に山に温泉、絶景の島旅　モデルプラン

1日目 午前　前夜にフェリーで竹芝桟橋を出て、八丈島に朝到着
8:50に八丈島の底土港に到着したら、早速レンタカーを借りてドライブへ出発。

1日目 午後　絶景を求めて爽快ドライブ
登龍峠展望台や南原千畳敷海岸など、八丈富士や太平洋が望める絶景ポイントを巡る。ラストを飾るのは夕日の名所、大坂トンネル展望台。

2日目 午前　山あいの牧歌的な風景のなかでのんびり
八丈富士の中腹にあるふれあい牧場で、八丈島の牛にごあいさつ。山の牧場ののどかな景色を楽しむ。

2日目 午後　観光と絶景温泉で八丈島を満喫
八丈植物公園やふるさと村などの見どころを巡ったあと、絶景の日帰り温泉「みはらしの湯」へ。広大な海を眺めながら湯に浸かり、旅の疲れを癒す。

3日目 午前　朝出発のフェリーに乗って島にお別れ
底土港9:40発の東京行フェリーで帰途につく。1日1便のみなので、乗り遅れに注意。

写真協力：一般社団法人八丈島観光協会

島のシンボルは歌で知られるあんこ椿

東京

24 伊豆大島(いずおおしま)

大島の椿の種子から搾る椿油は美容効果が高く、評判が良い

鮮やかに。花の島 ● 伊豆大島

Izu-Oshima

大輪の花を咲かせる大島桜は葉が芽吹くと同時に花が開くのが特徴

裏砂漠と呼ばれ、別の惑星に来たかのような静寂な空間が広がる

海中にぽつりと乗り残されたように立つ筆島。三原山より古い火山が浸蝕されたものだという

三原山の火口展望台からの眺め。火口を一周できる(お鉢巡り)

度重なる噴火によってできた600mも続く巨大な千波地層切断面

24 伊豆大島 東京

鮮やかに。花の島 ● 伊豆大島

火山島ならではの景観を楽しみ
高級油にもなるツバキを鑑賞

東京から南西に約120kmの太平洋上にある、伊豆諸島で最大の島。中央にそびえる島のシンボルの三原山は、いにしえより噴火を繰り返してきた。昭和61年(1986)の大噴火では、全島民の島外避難を経験した。巨大な火口やマグマ跡、バウムクーヘンのような火山灰の地層切断面など、随所で噴火の痕跡が見られ、島は関東初のジオパークに認定された。

荒涼とした風景のなか、ひときわ鮮やかな存在が、島を代表する椿の花。島には約300万本のヤブツバキが自生し、「国際優秀つばき園」にも大島公園、大島高校、椿花ガーデンの3か所が認定されている。とくに大島公園の椿園では、約8200本の多品種の椿が咲き誇り、審査員からも「世界一」と評されたという。3月には真っ白な大島桜の花も見ごろを迎える。

島データ
- 所在：東京都大島町
- 面積：約91km²　周囲：約50km
- 人口：約8200人（平成28年1月）
- 最高地点：758m（三原山）
- 問い合わせ先：大島観光協会 ☎04992-2-2177

お楽しみポイント

くさや
伊豆諸島で作られる干物の一種。トビウオやアオムロアジなどの鮮魚を、くさや液と呼ばれる発酵した塩水に何度も漬け乾燥させる。独特の臭いがあり、一度食べたら忘れられない味。

Column
食用油として注目される椿油

椿油は髪や肌への美容商品として知られているが、食用にも適している。椿油の成分の80％以上がオレイン酸からなり、動脈硬化や高血圧など生活習慣病を改善する働きがある。その含有量はオリーブ油を凌ぐほど。

アクセス方法
⚓ **東京・竹芝桟橋**から**ジェットフォイル**で**1時間45分**
✈ **調布飛行場**から**飛行機**で**約25分**

大島へは毎日竹芝桟橋からジェットフォイルが運航しており、比較的アクセスしやすい。土曜、休日には久里浜経由の便もある。熱海港からも運航している。また、大型客船は竹芝桟橋から深夜に出発し、翌早朝に到着する。所要6時間。料金はやや高くなるが、飛行機を利用すれば移動時間を大幅に短縮できる。

常春の穏やかな気候　季節／時間

1	2	3	4	5	6	7	8	9	10	11	12

1月下旬〜3月中旬には椿まつりが開催され、ヤブツバキの群生が見たいなら初春がおすすめ。ダイビングなら水温が低いほうが透明度は高い。一般的なオンシーズンは夏とされるものの、島でやりたいことによって、ベストシーズンも変わってくる。

- ヤブツバキ 1〜3月
- 大島桜 3〜4月

プチトリップで滋味三昧　モデルプラン

1日目 午前：竹芝桟橋から1時間45分であっという間に大島へ
自転車を借りて、椿花ガーデンへ。15万m²の広大な敷地に椿やアジサイなど季節の花々が咲く。

1日目 午後：大島ふるさと体験館で椿油の搾り体験に参加
大島ふるさと体験館に寄り、自転車を返し大島温泉ホテルへ。三原山が望める温泉や、大島純正三原椿油でアシタバや魚介を揚げて食べる「椿フォンデュ」を堪能。

2日目 午前：三原山トレッキングでパワーチャージ
ホテル前出発のトレッキングコースで三原山の火口展望台をめざす。山頂まで登ったところで、お社巡り。下山しランチは大島名物べっこう寿司。

2日目 午後：トレッキング後は元町浜の湯へ
元町浜の湯で水平線に沈むサンセットを観賞。夕食後は満天の星を眺めるツアーに参加。

3日目 午前：バウムクーヘンのような層をなす断層を見に行く
自転車を借りて南海岸のサイクリングコースを走る。千波地層切断面を間近で観察。

3日目 午後：お昼を食べ、おみやげを買ってフェリーに乗り込む
15時台のフェリーに乗れば、18時頃に東京に着く。

⚠ **ひとこと情報**　千波地層切断面をイメージした「バウムクーヘン」は島のおみやげに。シャロン洋菓子店で販売している。

神々の島にそびえる花の名山

東京

25 神津島
こうづしま

神話が息づき花々の彩る山
新東京百景にも選ばれた絶景も魅力

　伊豆諸島のほぼ中央に位置し、かつては「神集島」と書かれていた。島の中央に鎮座する天上山(てんじょうさん)は、伊豆諸島の神々が集い、水の分配会議を開いた「水配り神話」が残る山。天上山は花の百名山に数えられ、ショウジョウバカマをはじめ、春から秋にかけて多様な花が咲く。山頂に至るトレッキングコースでは、季節の花とともに、途中の展望台や山頂から伊豆諸島の島々が浮かぶ海原の絶景が楽しめる。透明度抜群の海を誇る島では、マリンスポーツも盛んだ。

島データ
東京都神津島村
面積	約18km²	周囲	約33km	人口	約1900人(平成28年1月)
最高地点	572m(天上山)
問い合わせ先	神津島観光協会 ☎04992-8-0321

アクセス方法
⚓ 東京・竹芝桟橋から**ジェットフォイル**で**約4時間**
✈ 調布飛行場から**飛行機**で**約45分**

竹芝桟橋から発着するジェットフォイルは、大島・利島・新島・式根島を経由して神津島へ向かう。1日1～2便。夜に出航する大型客船は約12時間の船旅になる。熱海・下田港からも便があるほか、調布飛行場から新中央航空も利用できる。

鮮やかに。花の島 ● 神津島

Kozushima

天上山に咲くオオシマツツジ。
岩場に鮮やかな赤色が映える

多幸湾展望台から美しい海を望む

🍀 天上山のツツジは初夏が見ごろ　季節／時間

1	2	3	4	5	6	7	8	9	10	11	12

島を代表する花であるオオシマツツジの見ごろは5〜6月で、この時期は天上山に多くの登山者が訪れる。ほかにも春にはコウヅシマヤマツツジ、夏にはサクユリ、秋にはキキョウやリンドウと、一年を通してさまざまな植物が目を楽しませてくれる。

オオシマツツジ 5〜6月　　**サクユリ** 7月　　**リンドウ** 10〜11月

✏️ 雄大な山と美しい海を満喫　モデルプラン

1日目

午前　**竹芝桟橋からジェット船に乗り島をめざす**
早朝に東京を出た船はお昼過ぎに神津島へ到着する。

午後　**島の北側を散策。赤崎遊歩道や島の名所を巡ろう**
人気の水遊び場、赤崎遊歩道へ。途中メッポー山、ブットーシ岩などユニークな名前の名所も点在する。

2日目

午前　**天上山へトレッキング。高山植物や頂上からの絶景を堪能しよう**
標高572mと、初心者にも登りやすい。展望台からは白い山肌や周辺の島々が見渡せる。登山口から山頂までは約1時間。

午後　**汗をかいたあとは島の天然温泉でリフレッシュ**
自然の岩場を利用した開放感のある大露天風呂が評判。夜になれば満天の星も楽しめる。

3日目

午前　**港周辺の美しいビーチを満喫**
前浜や沢尻湾など美しいビーチや入り江で水遊び。とくに白い砂浜が800m続く前浜は人気。ダイビングもできる。

午後　**島の余韻を楽しみつつ、帰途へ**
竹芝桟橋への高速ジェット船の帰りの便は、午後早い時間にある1便のみ。乗り遅れには注意しよう。

⚠️ **ひとこと情報** 宿は港近くの集落に集中している。ほとんどの民宿が港から宿への送迎があるので、事前に聞いておこう。

花いっぱいの島は野鳥の天国

山形
とびしま
26 飛島

島の各所で島の名前がついたトビシマカンゾウが群生する

夕陽のきれいな海岸と黄橙色の花畑
日本海に突き出た岬から遠望する

　酒田市の沖合に浮かぶ島は、対馬海流のおかげで県内随一の温暖な気候に恵まれ、夏には海水浴やダイビングの人々で賑わいをみせる。最高地点が68mという平坦な島で、ウミネコの一大繁殖地として知られている。イカ釣り漁が盛んで、伝統調味料のイカの魚醤は約300年の歴史を持つという。島の西部には、日本の渚百選にも選ばれた荒崎海岸の景勝が広がる。周辺は、飛島と佐渡にしか自生していないトビシマカンゾウの群生地。6～7月には可憐な花が一帯を黄橙色に染める。

島データ
山形県酒田市
面積 約2.7㎢　**周囲** 約12km　**人口** 約220人（平成28年4月）　**最高地点** 69m（高森山）
問い合わせ先
酒田市観光振興課　☎0234-26-5759

アクセス方法
⚓ **酒田港**から**フェリー**で**約1時間15分**

酒田港からの定期船「とびしま」を利用。所要約1時間15分。1日1便が基本だが、5～8月の土・日曜は1日2～3便となり、乗船には事前予約が必要になる。酒田発は1便目、飛島発は最終便からフェリーの座席が埋まっていくので、滞在時間を長くとりたいなら、早めに予約をしておこう。島は歩ける広さだが、レンタサイクルを利用すると（4～10月のみ）、快適にまわれる。

鮮やかに。花の島 ● 飛島

ウミネコの繁殖地があるほか、野鳥が数多く見られバードウォッチング目当ての来島者も多い

日本海へと沈む美しい夕日は飛島の見どころのひとつ

小松浜海水浴場の澄んだ海。夏には多くの海水客で賑わう

「日本の渚百選」に選ばれている西海岸の荒崎

過ごしやすい季節に訪れたい　季節／時間

1	2	3	4	5	6	7	8	9	10	11	12

島でサイクリングを楽しむのであれば、春～秋頃がちょうどいい。夏になれば、酒田市に住んでいる人たちも船に乗って、海水浴を楽しみにやって来る。また、名産のトビウオも旬を迎える。

- トビシマカンゾウ　6～7月
- オオスミソウ　3月中旬～5月上旬

Column
海中展望塔で魚を観察

海づり公園の桟橋の先には、日本初の浮体式海中展望塔「飛島海中体験丸」がある。甲板の上は釣り場なので、船窓から見た魚をあとで実際に釣ることになるかも。

ゆったりのんびり飛島を満喫　モデルプラン

1日目 午前
朝いちばんの便に乗り、飛島へ。
酒田港から定期船「とびしま」に乗船し、飛島へと出港。島に到着したら、島内でレンタサイクルを借りる。

1日目 午後
のんびりとサイクリングで島を巡る
まずは北端にある八幡神社と展望台へ。そこからUターンして、中央部を南に走りながら賽の河原とローソク岩まで戻ってこよう。なお西海岸を回る道はない。

2日目 午前
遊覧船に乗って、海の上から飛島を観光
マリンプラザ前から出発し、賽の河原、御積島をまわる40分の遊覧船と、島を一周する1時間30分の遊覧船がある。遊覧船の詳細は各旅館、民宿にたずねよう。お昼は飛島産の海産物を堪能。昼過ぎの便で酒田へ。

お楽しみポイント

トビウオ料理

トビウオ漁が盛んで例年6～7月に漁は最盛期を迎える。島内の旅館などでは、トビウオのだしを使った料理や、唐揚などの地元料理が楽しめる。

ひとこと情報　飛島の旅館や民宿は11～4月の冬季は休業となる。近いタイミングで訪れる場合は事前に問い合わせておきたい。

27 淡路島
あわじしま　兵庫
島のあちこちに花の名所が点在

Awajishima

VOICE
道の駅うずしおは、大鳴門橋とうずしおが目の前で見られておすすめ。淡路SAでは瀬戸内海が一面に広がる絶景や、大観覧車から明石海峡大橋と本州の夜景が楽しめます（yukihito）

鮮やかに。花の島 ● 淡路島

四季折々の花で丘の斜面が埋め尽くされる「あわじ花さじき」

見どころ紹介
Place to visit

四季の花々の圧倒的なパノラマ
あわじ花さじき
あわじはなさじき

島北部の小高い丘にあり、甲子園球場の約4倍もの面積の花畑が、大阪湾に駆け下るように広がる。園内には休憩所や直売所もある。
🚌 東浦バスターミナルから車で10分

春は園内全域で菜の花が咲き誇り、そのほかのカラフルな花々と美しいコントラストをなす

園内中央部にある展望デッキ。花の絨毯が見渡せる

「花の島」を代表する名所
淡路島 国営明石海峡公園
あわじしま こくえいあかしかいきょうこうえん

広大な敷地内に、さまざまなテーマの花壇や花畑が点在する。見晴らしのいいスポットも豊富。レストランでは淡路島の食材を使った料理も。
🚌 淡路夢舞台前バス停から徒歩3分

ほかではあまり見ることのできない珍しい花も植栽されている

兵庫県下随一の由緒ある社
伊弉諾神宮
いさなぎじんぐう

国生み神話で知られる伊弉諾尊と伊弉冉尊の二柱を祀る社で、淡路国一宮。境内には樹齢およそ900年といわれる夫婦大楠があり、ご利益を求めて訪れる夫婦やカップルが後を絶たない。
🚌 津名港バスターミナルから淡路交通バス・一震災記念公園前行きで20分

病気平癒の祈りや快復の感謝を捧げる信仰が残る「放生の神池」

石垣の曲輪が残る城跡
洲本城跡
すもとじょうせき

戦国〜江戸時代には淡路国の統治の拠点だった城跡。洲本市街地の南、標高133mの三熊山に建つ。現在の天守閣は展望台として昭和初期に再建されたものだ。
🚌 洲本高速バスセンターから車で10分

日本最古の模擬天守閣。現在は入場不可

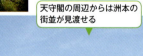
天守閣の周辺からは洲本の街並が見渡せる

野生のサルとふれあえる
野生ザルの王国
淡路島モンキーセンター
やせいザルのおうこく あわじしまモンキーセンター

近くの山に棲むサルたちを、自然に近い形で見学することができる施設。朝、施設に集まってきて、夕方山に帰っていく。
🚌 洲本高速バスセンターから車で45分

野生なので見られないこともあるが、冬〜春と真夏は高確率で現れる

27 淡路島 兵庫

国生み神話にも登場。玉ネギや季節の花々、巨大な渦潮で知られる

瀬戸内海で最大の島。『古事記』『日本書紀』の国生み神話で伊弉諾(伊邪那岐)と伊弉冉(伊邪那美)の二神が最初に創造した島のひとつが淡路島とされ、古代ロマンが濃厚に漂う。全島が瀬戸内海式気候のため、年間を通じて温暖な気候に恵まれ、古くから食材が豊富な島として知られてきた。

現在では高品質な玉ネギの産地として有名だが、花関連の施設やスポットが多いのも特徴だ。灘黒岩水仙郷の水仙、あわじ花さじきの菜の花やコスモス、淡路島 国営明石海峡公園のチューリップ、あわじ花の歳時記園のアジサイ、東山寺の紅葉、成ヶ島のハマボウなどが見られる。また、鳴門海峡で見られる渦潮は時速20km、直径は30mにもなり、世界でも最大級とされる。

島データ

兵庫県淡路市、洲本市、南あわじ市
- 面積 約590km²　周囲 約200km
- 人口 約13万人（平成28年5月）
- 最高地点 608m（諭鶴羽山）
- 問い合わせ先
  淡路島観光協会 ☎0799-25-5820
  兵庫県園芸・公園協会 あわじ花さじき現地案内所
  ☎0799-74-6426

お楽しみポイント

淡路島たまねぎ
良好な気候条件のもと、さまざまな野菜が生産されているが、なかでも玉ネギが有名。甘みが強く、やわらかな食感が特徴だ。島内各地で購入できるほか、飲食店でも料理に用いているところが多い。

Column
変幻自在! 明石海峡大橋のライトアップ

本州と淡路島を結ぶ明石海峡大橋は、夜になると美しくライトアップ。パターンは全31種類もあり、時間帯や季節などによって変化する。淡路島側からも観賞できるが、人気のスポットは神戸市側の舞子公園。

鮮やかに。花の島 ● 淡路島

アクセス方法

JR三ノ宮駅からバスで約45分～1時間30分

JR三ノ宮駅からは淡路交通、本四海峡バスなど、複数の会社が淡路島方面へバスを運行しているが、路線により島内の停留所が異なるので、事前によく確認を。淡路夢舞台前バス停まで約45分、東浦バスターミナルまで約55分、津名一宮バスターミナルまで約1時間10分、洲本高速バスセンターまで約1時間30分。

いつ訪れても季節の色彩　季節／時間

1	2	3	4	5	6	7	8	9	10	11	12

一年を通じ、途切れることなく四季の花々が咲きそろうので、季節をずらして何度でも訪れてみたい。

- 菜の花　3月上旬～4月中旬
- リナリア　3月下旬～5月上旬
- バーベナ　6月上旬～7月下旬
- ベゴニア　6月中旬～9月上旬
- サルビア　8月上旬～11月上旬
- コスモス　10月下旬～11月上旬
- ストック　11月中旬～2月下旬
- ビオラ　1月上旬～5月中旬

神戸から島を通って四国へ　モデルプラン

1日目 午前　神戸の市内観光を楽しむ
北野異人館街や、ベイエリアの見どころをまわる。

1日目 午後　神戸のグルメ&スイーツやショッピング三昧
人気店のスイーツやパンを味わい、洗練されたファッションをチェック。夜は贅沢に神戸牛のステーキを。

2日目 午前　バスに乗って淡路島へ向かう
三宮でバスに乗車し、あわじ花さじきや国営明石海峡公園へ。園内を散策し、花々を鑑賞しよう。晴れていればピクニック気分でお弁当ランチもいい。

2日目 午後　洲本市内の名所を巡り、地場料理で夕食
洲本城跡を見学したあとは、市内で淡路島特産のおみやげ探し。ディナーは新鮮な野菜や魚介を楽しみたい。

3日目 午前　有名な「鳴門の渦潮」を見物
洲本高速バスセンターで徳島方面のバスに乗車。鳴門公園口で下車し、渦潮の見学施設「渦の道」へ。公園内には陶板名画で知られる大塚国際美術館もある。

3日目 午後　鳴門公園を出発し、徳島市内をめざす
乗車するバス停の位置が到着時とは異なるので注意。徳島駅までは所要約1時間10分。

ひとこと情報 明石海峡大橋では、毎年時期限定で、高さ約300mの主塔に上れる「ブリッジワールド」というツアーを実施している。

段々畑を埋める除虫菊の白い花

広島

28 因島(いんのしま)

Innoshima

蚊取り線香に使われていた除虫菊を今は観光用に栽培

"水軍と花とフルーツの島"として知られ、しまなみ海道の尾道側から2番目の因島大橋が架かる。南北朝時代から戦国時代にかけて活躍した村上水軍の本拠地があった。ミカンやポンカン狩りも人気だが、やはり除虫菊の島としてよく知られる。除虫菊はキク科の多年草で、かつては蚊取り線香の原料として盛んに栽培されたが、やがて合成化学物質ピレスロイドに取って代わられ、因島の除虫菊は現在では観光用に栽培。島には除虫菊畑が点在し、5月には美しい白い花を咲かせる。

島データ

広島県尾道市
面積 約35km² 周囲 約32km 人口 約2万3000人(平成28年4月) 最高地点 391m(奥山)
問い合わせ先 因島観光協会 ☎0845-26-6111

アクセス方法

⚓ **尾道港**から**快速船**で**約20分**

尾道港から瀬戸田(生口島)行きの快速船に乗船。因島では北東部の重井東港に停船する。そのほか、尾道からは土生港前行きの路線バスも利用できる。ただし、重井地区に行く場合は、因島の島内バスに乗り換える必要があるため、所要時間はかかる。車の場合は、因島北ICで下りる。ほかにしまなみ海道をサイクリング中に立ち寄るのもいいだろう。

鮮やかに。花の島 ● 因島

重井西港近くの斜面を彩る除虫菊。重井地区の周辺にはほかにも除虫菊畑が点在している

春に斜面を白く染める花

季節/時間

| 1 | 2 | 3 | 4 | 5 | 6 | 7 | 8 | 9 | 10 | 11 | 12 |

除虫菊の見ごろは毎年春。気候のいい時季なので、しまなみ海道のサイクリングの立ち寄りにもぴったりだ。帰りが遅くなる場合は快速船やバスの最終時刻に注意。

🍀 除虫菊　4月下旬～5月中旬

お楽しみポイント

ハッサク

因島はハッサク発祥の地といわれており、島の農園では現在もハッサクの生産が盛んに行なわれている。そのまま食べてもおいしいが、はっさく大福やはっさくゼリーなどの菓子も好評。島を代表するおみやげとして、知名度が高まっている。

尾道から足を延ばして訪ねたい　モデルプラン

1日目

午前　坂の街・尾道の名所や旧跡を巡る
千光寺公園を中心に、尾道の山側をぐるりとまわる。ロープウェイで山上まで行き、下りながら観光すると楽だろう。坂道の途中にあるカフェでランチタイム。

午後　海側にあるレトロな商店街で名産品を探す
昼食後は、海側にある尾道本通りや海岸通りでお店巡り。瀬戸内の海産物を加工した食品はおみやげにぴったりだ。尾道は多くの映画のロケ地にもなっているので、作品の舞台をたどってみるのもいい。

2日目

午前　尾道港から快速船で因島の重井地区へ
前日は尾道市街に宿泊し、早い時間帯の船に乗りたい。澄んだ空気のなかでの瀬戸内海クルーズは気持ちがいい。因島に着いたら、除虫菊の観賞スポット巡り。余裕があれば、因島独特のお好み焼き「いんおこ」で昼食。

午後　再び快速船に乗り、生口島の瀬戸田へ
瀬戸田港から歩いて行ける範囲だけでも見どころが多いが、短時間のレンタサイクルを利用するのもおすすめ。島ののんびりとした風情を満喫し、名物の柑橘スイーツを堪能したら、快速船で尾道市街へ戻る。

 ひとこと情報　因島のご当地グルメ「いんおこ」は、そばの代わりにうどんが入った広島風お好み焼き。島内あちこちの食堂で食べられる。

南の島で純白のユリが咲き誇る

鹿児島
おきのえらぶじま
29 沖永良部島

春になると、島のあちこちで見られるエラブユリ

出生率と長寿が物語る
住み心地抜群の島

　温暖な気候と豊かな自然に恵まれて農業が盛ん、経済基盤がしっかりとしており近所付き合いが良好かつ濃密。だから統計的にも出生率が高く、長寿の島として注目される。旅行者にとっても見どころは多く、とくに東洋一の洞窟ともいわれる昇竜洞は全長3500mにも及び、天然記念物にも指定される神秘的な鍾乳洞だ。また、切り花の栽培が盛んで、明治期、欧米に輸出されて評判となったエラブユリはことに名高い。隆起サンゴの島でもあり、ダイビングも楽しめる。

島データ

鹿児島県大島郡和泊町、知名村
面積 約94km² 周囲 約56km 人口 約1万3000人（平成28年4月） 最高地点 240m（大山）
問い合わせ先
おきのえらぶ島観光協会 ☎0997-92-0211

アクセス方法

⚓ 鹿児島新港からフェリーで約17時間30分
✈ 奄美空港から飛行機で約35分

飛行機は奄美空港から沖永良部空港まで毎日1便（与論島経由を含む）あるほか、鹿児島空港からは1日3便あり、約1時間15分で到着する。フェリーは鹿児島新港から沖永良部島の和泊港まで1日1便の運航で、奄美大島の名瀬港と徳之島の亀徳港を経由する。沖縄の那覇港からは所要約7時間。

鮮やかに。花の島 ● 沖永良部島

南国の花、ホウオウボク。夏から秋に真っ赤な花を咲かせる

海辺に生えるハマユウ。こちらも夏から秋にかけ白色の花が開く

国頭小学校にあるガジュマルの木は、日本一の大きさ

🍀 エラブユリの美しい春に　季節／時間

1	2	3	4	5	6	7	8	9	10	11	12

冬でも温暖で過ごしやすく、四季を通じて花や島バナナなどの南国フルーツが楽しめる。アクティビティも充実しているので、暑い夏には涼しい鍾乳洞へ、雨の日は屋内でタラソテラピー、寒い冬にも楽しめるマリンスポーツと、気候や天気に合わせて過ごし方が選べる。エラブユリは4月下旬から5月中旬が見ごろ。

- エラブユリ　4〜5月
- 完熟マンゴー　7〜8月
- ハマユウ　7〜9月
- ホウオウボク　7〜10月
- 島バナナ　8〜9月

📝 大自然のなかでリフレッシュ　モデルプラン

1日目

午前：**空港に到着したら、さっそく島内観光へ**
沖永良部空港近くのガジュマルの木を見学に行く。

午後：**島の見どころを巡りつつ歴史や文化に触れる**
笠石海浜公園でエラブユリなどの花々を観賞したり、西郷隆盛の記念館を訪れるなど、名所をまわる。

2日目

午前：**沖永良部島の美しい海を満喫する**
早起きして、珍しい形の岩が並ぶ、ウジジ浜へ。奇岩群の向こうに昇る朝日は壮観だ。絶景を堪能したら、ダイビングなどのマリンレジャーを楽しもう。ほかにも多彩なプランが用意されている。

午後：**県の天然記念物にも指定されている昇竜洞を探索**
海の世界を楽しんだら、洞窟探検で地底の世界へ。鍾乳石が織りなす神秘の空間を体験しよう。

3日目

午前：**フランス式海洋療法で旅の疲れを癒す**
タラソおきのえらぶで、本格タラソテラピーでリラックス。温かい海水のプールでゆったりと過ごそう。トリートメントメニューもあり、美容にも効果抜群。

午後：**のんびりと島の空気を味わってから、飛行機で帰る**
おみやげに島バナナを使ったお菓子を買って空港へ。

❗ **ひとこと情報**　ウミガメが陸上から見られるビューポイントがある。双眼鏡が設置されており、身近に観察できる。

猫の楽園島

ゆるやかな島の暮らしのなかでくつろぐ猫たち

TOPIC

島には人よりもはるかに多い100匹以上の猫がいるという。島民の邪魔にならないように楽しみたい

30 青島(あおしま) 愛媛

かつて馬島と呼ばれた島だが今は猫が島人口を超える

　宿泊施設はもちろん商店も自販機も自動車もない、面積0.5㎢に満たない島で、人口は2016年現在で16人。この小島に猫が2000年頃から自然繁殖し、現在では100匹を越えるまでになり、その情報がネットで拡散し多くの猫好きが足を運んでいる。ただ、島は住民の生活の場であり、猫も観光資源ではないので、訪れる際はマナーや乗船のルールなどには細心の注意を払いたい。

島データ
愛媛県大洲市
面積 約0.49㎢　周囲 約4.2km
人口 16人(平成28年1月)　最高地点 91m(大山)
問い合わせ先
大洲市役所長浜支所　☎0893-52-1111

アクセス方法
⚓ **長浜港**から**客船**で**約35分**

JR伊予長浜駅から長浜港のあおしま乗船場まで徒歩2分。長浜港には駐車場もあり、車でもアクセス可能。定期船は1日2便のみで、島民優先のため混雑で乗れないことも多い。天候による欠航や時間変更も多いので、事前に運航している青島海運に確認しておきたい。島内に宿泊施設はないので、午前便で来て午後便で帰るか、午後便が島に停泊している1時間ほどで楽しむ。

TOPIC ● 猫の楽園島

自動車などの危険が少なく、新鮮な魚にもありつける島は、猫にとってはまさに楽園。穏やかな島の日常を楽しむとともに、その暮らしに溶けこむような、そっぽを向くような、気ままな猫たちとの触れ合いを求めて、島を訪れよう。

31 真鍋島（まなべしま） 岡山

西行も『山家集』で詠った真鍋水軍の本拠地は猫の島として賑わう

岡山県笠岡市にある大小31の島々からなる笠岡諸島の一島。古い漁村の面影を残した家並があり、夏目雅子主演の映画『瀬戸内少年野球団』のロケでは真鍋中学校の木造校舎（昭和24年築）が使われた。最近は人口より猫の生息数が多い「猫の島」としても知られ、猫ブームもあって、多くの猫ファンが訪れる。中世の頃は真鍋水軍の本拠地でもあり、真鍋姓の発祥地ともいわれている。

島データ
- 岡山県笠岡市
- 面積 約1.5k㎡　周囲 約7.6km
- 人口 約220人（平成28年4月）　最高地点 127m（城山）
- 問い合わせ先 笠岡市観光連盟　☎0865-69-2147

アクセス方法
⚓ **笠岡港**から**高速船**で**約40分**

島へ渡る船が出ている笠岡港の住吉乗り場は、JR笠岡駅から徒歩3分。真鍋島行きの便は「笠岡～佐柳本浦」航路で1日8便。島には本浦港と岩坪港の2つがあり、両方経由する便と、どちらか一方にしか行かない便がある。2.5km離れたところに同じく猫島として知られる香川県佐柳島があるが、船便は土曜のみの運航。

港を中心に広がる集落を散策

船を下りれば、さっそく港で猫たちが出迎えてくれる

古い家並に出会えるのもおもしろい

32 田代島 宮城
猫神様のいる東北の小さな漁師町
人懐っこい猫を探して徒歩で島巡り

宮城県・牡鹿半島の南西に浮かぶ、別名「猫の島」。大謀網という大型定置網の伝統漁法を受け継ぐ漁師の島でもある。猫は大漁の守護神として大切にされ、島中央には猫神社がある。今では人口を超す100匹以上の猫たちが、島でのんびりと暮らす。船を下りると早速、たくさんの猫に迎えられる。漁師さんのそばで、おとなしくエサ待ちをする姿が愛らしい。海外からも猫好きが多く来島する。

島データ
宮城県石巻市
面積 約3.1km²　周囲 約12km
人口 74人(平成28年4月)　最高地点 96m(正島山)
問い合わせ先
石巻市役所　☎0225-95-1111(石巻市復興政策部地域振興課)
※マンガアイランド予約受付は石巻市産業部観光課(☎同上)へ

アクセス方法
⚓ **石巻・網地島ライン発着所**から**高速船**で**約45分**

石巻の旧北上川河口から田代島・網地島を経由し、鮎川港へ着く便が運航している。石巻発は1日3便。大泊港と仁斗田港の2か所に停泊する。石巻駅から発着所までは、バスだと所要15分ほど。本数が少ないので、ちょうどよい便がなければタクシーで向かおう。

島民から大切にされてきたこの島の猫は人懐っこい。なお犬は入島禁止

高台にあるアウトドア施設、マンガアイランド。漫画家のちばてつや氏や里中満智子氏がデザインしたロッジがある

TOPIC ● 猫の楽園島

冬に開催されるイルミネーションは大人気。関東のデートコースの定番だ

路地裏で猫に出会う。観光客はエサやり禁止

絶景事典 photo by LYDS KAZ

季節や時間、天候によってさまざまな姿を見せるのも魅力のひとつ

33 江の島 神奈川

多くの観光客が訪れる陸繋島
あちらこちらで猫が出没

　相模湾にある陸続きになっている島。島内には縁結びの神様・弁財天を祀る江島神社や、ライトアップが人気の江の島シーキャンドル、島の対岸には新江ノ島水族館と、人気スポットが数多くあり、多くの観光客が訪れる。東京都心から気軽に行ける猫の島としても知られるが、一方で捨て猫の多さも問題になっている。猫を守るためにも、マナーを守って触れ合いを楽しみたい。

島データ

神奈川県藤沢市
面積 約.38㎢　周囲 約5km
人口 約370人（平成28年5月）　最高地点 60m

アクセス方法

🚃 **小田急片瀬江ノ島駅**から**徒歩**で**約10分**

JR・小田急の藤沢駅から小田急江ノ島線か江ノ電、JR大船駅から湘南モノレールでアクセス。島に最も近いのは小田急片瀬江ノ島駅だが、江ノ電江の島駅と湘南モノレール湘南江の島駅も徒歩10分弱しか離れていないので都合に合わせて選択したい。島内や対岸の片瀬海岸に駐車場があるが、夏休みやクリスマス近くのライトアップの際は周辺の道路が渋滞するので注意。

木の根元や葉っぱの陰に
集まっていることが多い

船を下りると、次々にウサギが寄ってくる。多く見られるのは島の南側

Column 3 ウサギの島

つぶらな瞳で人気急上昇中

たくさんのリクリエーション施設と、毒ガス工場の廃墟。
これだけでもう盛りだくさんな気がするが、この島のなによりの魅力はたくさんのウサギ。
インターネットで海外にもそのさまは伝播。外国人観光客も増加しているという。

戦時の工場の
施設跡が島の
各地に残る

戦争の遺産に野生化したウサギが遊ぶ

34 大久野島 広島
おおくのしま

かつて日本陸軍の毒ガス工場があったため「地図から消された島」だったこともある。戦後は休暇村となったが、現在この島は「ウサギ島」として知られる。地元の小学校で飼われていたウサギ8羽が島に持ち込まれて野生化して増えたもので、700羽ほどが生息するにいたり、年間約27万人もの観光客がウサギ目当てに訪れている。島にはほかに「毒ガス資料館」などもある。

アクセス方法

⚓ **忠海港**から
客船で約15分

JR忠海駅から徒歩7分の場所にある港から、休暇村大久野島の客船で島へ渡る。島には桟橋が2つあるため、到着時はともかく帰る際は気をつけたい。大三島まで行く大三島フェリーも利用できるが、島内は車の通行は禁止。レンタサイクルなどでまわろう。

島データ

広島県竹原市
面積 約0.7km² 周囲 約4.3km 人口 無人島
最高地点 約97m
問い合わせ先 竹原市観光協会 ☎0846-22-4331
休暇村大久野島 ☎0846-26-0321

海に多くの島が浮かぶ

日本三景のひとつである松島をはじめ、各地で見られる多島美の風景。大小無数の島々と美しい海が織りなす、素晴らしい景観を満喫したい。

35 松島 116
36 九十九島 122
37 英虞湾 126
38 しまなみ海道 130

静かな海に抱かれた、表情豊かな島々　宮城

35 松島
まつしま

海に多くの島が浮かぶ ● 松島

雪が降り積もると、えも言われぬ風情を醸し出す

35 松島 宮城

海に多くの島が浮かぶ ● 松島

心安らぐ東北自慢の日本三景
コンパクトにまとまる多島の美

穏やかな松島湾に浮かぶ、大小260余りの島々。松が覆う緑の島々が、海の青に映えて、じつに鮮やかなコントラストを見せる。現在の景勝が生まれたのは、およそ5000年前。氷河期以降の温暖化により海面が上昇するなどして、陸地だった松島湾内のほとんどが海中に沈んだ。わずかに海上に残された丘陵や山頂部が、島々になったとされる。

松島は眺める角度によって趣を大きく変える。松島湾を囲むように多くの景勝スポットがあるが、なかでも松島四大観と呼ばれる4つの展望所が有名だ。それぞれの風景の違いから、大高森は「壮観」、富山は「麗観」、多聞山は「偉観」、扇谷は「幽観」と呼ばれている。島々を巡る遊覧船に乗れば、多島海の魅力を間近に感じることができる。

島データ

所在地 宮城県宮城郡松島町、東松島市、塩竈市
面積 宮戸島7.4km²、寒風沢島約1.5km²、桂島0.76km²、福浦島約0.63km²など
周囲 宮戸島約15km、寒風沢島約14km、桂島約6.8km、福浦島約1.8kmなど
人口 宮戸島約610人（平成26年）、寒風沢島約160人（平成22年10月）、桂島約210人（平成22年10月）、福浦島無人島
最高地点 宮戸島106m（大高森）、寒風沢島36m、桂島61m（津森山）、福浦島28mなど
問い合わせ先
松島観光協会　☎022-354-2618
東松島市観光物産協会　☎0225-87-2322
塩竈市観光物産協会　☎022-364-1165

アクセス方法

仙台駅から**松島海岸駅**まで**鉄道で約40分**

電車の場合、仙台駅からJR仙石線で松島海岸駅へ。片道410円で、日中は1時間に2本程度運行。仙台駅から車の場合は、仙台東部道路と三陸自動車道で松島海岸ICへ。所要約35分。大高森へは、鳴瀬奥松島ICで下りる。所要約1時間。また、飛行機で宮城まで行く場合は、仙台空港から仙台駅まで仙台空港アクセス鉄道が利用できる。所要約25分。

ひとこと情報 東京から松島に直接車で行く場合は、東北自動車道と三陸自動車道経由で、松島海岸ICまで約5時間。

見どころ紹介
Place to visit

島に架かる橋は、脚元に水面が見えるすかし構造の透かし橋

松島を箱庭のごとく望む
大高森
おおたかもり

東松島市宮戸島の中央にある小高い山。山頂からは、東に嵯峨渓、西から南にかけて松島湾、そのほか金華山や栗駒山も眺められる。

🚌 JR野蒜駅から登口まで車15分、山頂まで徒歩20分

松島の展望スポットのなかでも、ひときわ見晴らしの良い場所

東北地方最古の桃山建築
五大堂
ごだいどう

坂上田村麻呂が建立し、伊達政宗が改築したお堂。国の重要文化財に指定されている松島のシンボル。お堂が建つ小島には橋で渡れる。

🚌 JR松島海岸駅から徒歩10分

政宗ゆかりの瑞巌寺が管理している

2つの湾が望める丘
双観山
そうかんさん

松島海岸の南に突き出た岬にあり、頂上の展望台から塩釜湾と松島湾の両方が眺められる。牡鹿半島や金華山の向こうから昇る朝日の美しさも有名。

🚌 JR松島海岸駅から車で5分

荘厳な雰囲気さえ漂わせる日の出の光景

松島の全景が広がる
扇谷
おうぎたに

双観山の背後にある標高55.8mの山。頂上からは、松島湾の入り江が扇のように浮かび上がって見える。

🚌 JR松島海岸駅から登口まで車で5分、山頂まで徒歩3分

紅葉の時期には、見事に色づいた楓も楽しめる

浦戸諸島の小島
朴島
ほおじま

珍しいタブの森や菜の花畑をはじめとした豊かな自然を誇る。江戸時代に伊達藩の貴重な宝物が隠されていたなど、不思議な伝説も残るミステリアスな島でもある。

🚌 塩釜港から市営汽船で54分

日本三大渓のひとつ
嵯峨渓
さがけい

宮戸島の東南端に突き出た半島の、石巻湾に面した海岸。室浜から萱野崎までの約2km、荒波と風雨に浸食されてできた20〜40mの崖が続く。遊覧船でその荒々しい自然美をくまなく楽しみたい。

🚌 (遊覧船乗り場まで)JR野蒜駅から車で12分

点在する奇岩も見どころ

朴島の菜の花は白菜の花。離島という立地を生かし、純粋種を採るために栽培されている

海に多くの島が浮かぶ ● 松島

桜の開花や紅葉に合わせて　季節／時間

| 1 | 2 | 3 | 4 | 5 | 6 | 7 | 8 | 9 | 10 | 11 | 12 |

一年を通して楽しめるが、桜や新緑の時期、紅葉の時期がとくに美しい。桜なら、多数の桜が咲き誇る西行戻しの松公園がおすすめ。松島湾と桜の織りなす絶景が楽しめる。また、紅葉なら扇谷がベストスポットだ。

🌸 **桜** 4月中旬～4月下旬　🌿 **新緑** 5月上旬～中旬
🍁 **紅葉** 11月中旬～下旬

お楽しみポイント

松島巡り観光船
松島湾内の島々を間近で眺められるクルーズ。松島海岸駅から徒歩7分ほどのところに乗船場がある。仁王島、鐘島、千貫島、双子島などを巡る仁王丸コースは、所要50分、9:00～16:00まで1時間おきに出発。(11月1日～3月19日は16:00の便は欠航)。乗船券は1500円(子供750円)で、乗り場近辺の4つの発売所で買える。インターネットでの事前予約の場合も、発売所で発券する必要がある。

カキと穴子
冬はカキ、初夏～秋は穴子が名物グルメ。カキは小粒で味が凝縮されている。穴子も小ぶりながら脂がのっていて絶品。旬の味を楽しんで。

景勝とグルメを堪能　モデルプラン

1日目

午前　仙台駅から松島へ
仙台駅から35分ほどのドライブで松島へ。到着したら、地元名産の穴子を使った料理でランチ。

午後　松島湾クルーズと街なか散歩
観光船に乗って、海上から松島湾の眺めを楽しむ。そのあとは、街なかの名所を巡る。五大堂など伊達政宗ゆかりのスポットが点在している。夜は松島温泉に入れる宿に泊まり、のんびりと過ごす。

2日目

午前　ドライブでビュースポット巡り
車で松島四大観の扇谷と多聞山へ。海に浮かぶ島々や、船の往来を眺める。松島海岸へ戻って昼食。

午後　遊覧船で奥松島の景色を楽しむ
松島四大観の富山に寄り、最後に奥松島と呼ばれるエリアにある大高森へ。山を下りたら、1時間の嵯峨渓クルーズ。最終便は4～9月が16:00、そのほかは15:00なので、遅れないように。

3日目

午前　浦戸諸島で島歩き
塩釜水産物仲卸市場に行き、三陸沖で獲れた新鮮な海の幸をおみやげに。塩釜港で市営汽船に乗り、浦戸諸島の島々へ。歩いてそれぞれの自然や歴史に触れる。

午後　塩竈寿司海道で舌つづみ
浦戸諸島を出発、1時間ほどで塩釜港に戻る。地元名物、鮮度抜群の寿司を食べたら、車で仙台駅に向かう。

Column
伊達政宗ゆかりの地を訪ねて

仙台藩初代藩主の伊達政宗は、天正12年(1584)に家督を相続。畠山氏や蘆名氏を破り、奥州を制覇。この活躍と幼い頃、片目の視力を病気で失っていたため、後の世に独眼竜と謳われた。家康へ帰順したのちは居城を仙台に移し、城下町の発展に尽力した。現在も仙台城跡をはじめ、宮城県には政宗ゆかりのスポットが多く残る。松島にも、政宗が再建した瑞巌寺や、政宗の孫・光宗の菩提寺である円通院といった名所がある。訪ね歩いて、歴史に思いを馳せてみたい。

1 国宝の本堂は桃山時代に技術の粋を集めて造られたという　**2** 政宗の正室陽徳院が造らせた伊達政宗甲冑倚像。朝鮮出兵時27歳の姿を等身大で表している。本尊と並ぶ瑞巌寺の宝物　**3** 円通院の雲外天地の庭。紅葉の季節には多くの参拝者が訪れる

ひとこと情報　JR松島海岸駅から徒歩10分のみちのく伊達政宗歴史館では、等身大のろう人形200体以上を用いて政宗の生涯を再現。

のどかな海にちりばめられた208の島々

長崎

36 九十九島
くじゅうくしま

海に多くの島が浮かぶ ● 九十九島

島々の合間に、ブランド化されている「九十九島かき」や真珠の養殖筏が浮かぶ

展海峰から九十九島を望む。日によって違う印象を見せる

穏やかな海面なので、初心者でも安心してシーカヤックが楽しめる

ひとつひとつの島が独特な表情を持つ

長串山公園展望所の約10万本のツツジは圧巻。地元おすすめのビュースポット

海に多くの島が浮かぶ ● 九十九島

36 九十九島 長崎

数々の伝説や言い伝えに心が躍る
日本でいちばん島が密集する海域

　九十九とは実際の島の数ではなく、たくさんの、という意味。実際には佐世保港外から平戸瀬戸にかけての海域に散らばる208の島々を指す。もとは起伏の激しいひとつの大地だったが海面の上昇とともに低地が沈み、多くの半島や小島に分かれたという。このエリアには数多くの口伝が残されており、海賊たちが力比べをしたといわれる力石や、男装で戦った神功皇后が投げ捨てた髻が流れ着いたという桂島など、伝説の痕跡が数多く点在。また、馬と牛との戦いでうまく立ちまわろうとした鹿が失敗して角を失ったという故事が「馬鹿」という言葉の由来となったという話も残る。現在では観光に加え、真珠やカキ、鯛、トラフグ、ハマチなどの養殖が盛んに行なわれている。

島データ
長崎県佐世保市、平戸市
- 面積 黒島約4.7km²、高島約2.7km²など
- 周囲 黒島約12.5km、高島約6.4kmなど
- 人口 黒島約420人、高島約300人など（平成28年4月）
- 問い合わせ先
  佐世保観光情報センター ☎0956-22-6630
  九十九島パールシーリゾート ☎0956-28-4187

アクセス方法
- ✈ 東京から長崎空港まで飛行機で約1時間40分
- 🚗 佐世保中央ICから展海峰まで車で約20分

展望スポットを巡るなら車が便利。バスの場合は佐世保駅から展海峰入口まで約40分。九十九島パールシーリゾートへは、路線バスと有料のシャトルバスが佐世保駅から運行している。

お楽しみポイント

九十九島かき
カキの養殖に理想的な海で育てられた「九十九島かき」は、引き締まった小ぶりな身に、非常に濃厚な旨みが凝縮されている。全国のオイスターバーでも人気のブランド。

九十九島とらふぐ
風味と身の締まりを良くするために、佐世保産の早摘みミカンを加えた特別な飼料で育てる。美しい色つやとふっくらと肥えた弾力のある良質な身が特徴。

夕刻と夏の景色がおすすめ　季節／時間

1 2 3 **4 5 6 7 8 9 10** 11 12

夏は海の色が最も鮮やかな青に染まり、シーカヤックなどのマリンスポーツも楽しめる。おすすめの時間帯は、沈む夕日と島の影が静かな海に映る夕刻。九十九島パールシーリゾートから運航している大型遊覧船のサンセットクルーズ（8～10月の土・日曜、祝日に運航、要問い合わせ）は、とくにロマンティック。

サンセットクルーズ 8～10月　**シーカヤック** 4～10月

陸と海から景色を満喫　モデルプラン

1日目 午前　人気の展望スポットから島を望む
レンタカーでまずは佐世保の名所、展海峰へ向かう。青い海に浮かぶ九十九島をすみずみまで眺める。

1日目 午後　九十九島の有人島のひとつ、黒島へ
黒島を巡る半日ツアーに参加。お昼過ぎにフェリーで出発し、のんびり島内を散策。重要文化財に指定されている、美しいレンガ造りの黒島教会は必見。

2日目 午前　水族館は見応えたっぷり
九十九島パールシーリゾートにある九十九島水族館「海きらら」で、九十九島の海の生物を知る。

2日目 午後　大自然のなかで優雅に過ごす
九十九島の景観を間近で堪能できるクルーズに乗船。さまざまな種類があるので、WEBサイトで事前に確認する。

3日目 午前　軍艦の街、佐世保を散策
佐世保市街地の港町らしい異国情緒ある街並を観光。佐世保バーガーなどのグルメも忘れずに。

3日目 午後　佐世保から長崎空港へ
レンタカーを返却し、飛行機で長崎を発つ。

ひとこと情報　九十九島パールシーリゾート周辺にホテルが2軒、佐世保駅周辺にも宿泊施設が多数ある。

沈みゆく夕日が真珠の海を赤く染める

三重

37 英虞湾
<small>あごわん</small>

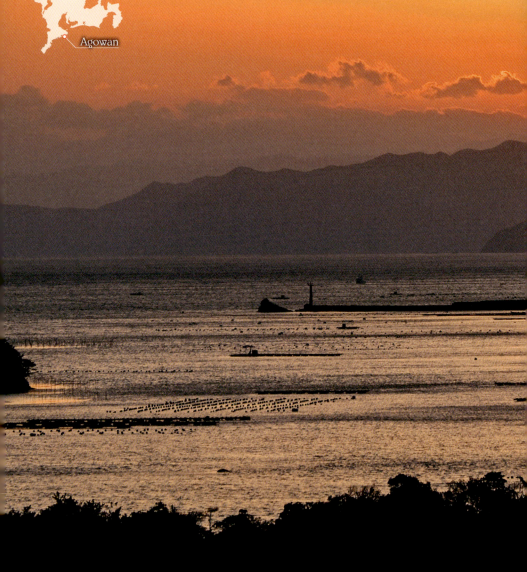

海に多くの島が浮かぶ ● 英虞湾

夕日の美しさで知られる英虞湾。「日本の夕陽百選」に選ばれているスポットもある

37 英虞湾（あごわん） 三重

海に多くの島が浮かぶ ● 英虞湾

サミットも開催された自慢の絶景
自然の生み出した群島と海の日本美

志摩半島南部にある伊勢志摩国立公園の中心地。隆起海食台地が沈降してできたリアス式海岸が連なり、入り組んだ多数の支湾や無数の緑の島影、海上に浮かぶ真珠の養殖筏が、日本らしい美しい情緒を醸し出す。明治23年(1890)に御木本幸吉（みきもとこうきち）が初めて真珠養殖に成功して以来、日本の代表的な真珠の養殖地として知られるようになった。

英虞湾で最大の島が観光拠点の賢島だ。平成28年(2016)5月に開かれた伊勢志摩サミットの開催地となり話題になった。本州とは2本の橋で結ばれ、近鉄志摩線でも行ける。英虞湾の絶景が自慢のリゾートホテルやヨットハーバー、水族館などの観光リゾート施設が点在し、英虞湾クルーズの遊覧船も賢島から発着している。

島データ
- **三重県志摩市** 面積 賢島約0.66km²など 周囲 賢島約7.3kmなど 人口 賢島約98人など（平成28年1月）
- 問い合わせ先 志摩市観光協会 ☎0599-46-0570

アクセス方法
- 伊勢西ICから賢島まで車で約40分
- 名古屋駅から賢島駅まで近鉄特急で約2時間10分

現地での移動は車が便利なので、鉄道でアクセスする場合は賢島駅の一駅手前の鵜方駅でレンタカーを借りるとよい。

夕日が美しいのは秋〜冬　季節／時間

1	2	3	4	5	6	7	8	9	10	11	12

夏はさまざまなマリンレジャーが楽しめ、秋から冬にかけては英虞湾に沈む夕日が最も美しく映えるといわれる。
- アワビ 3〜9月
- カキ 10〜3月

絶景巡りと真珠の旅　モデルプラン

1日目 午前：賢島エスパーニャクルーズで英虞湾を周遊
スペインの帆船を模した大型船「エスペランサ」に乗り、約50分かけて英虞湾をクルージング。

1日目 午後：入り組んだ海岸線が見渡せる絶景スポットへ
英虞湾周辺をドライブ。人気の絶景スポット、横山展望台から眺めを楽しむ。夕食には名物のカキ料理を。

2日目 午前：世界にひとつだけの真珠アクセサリー作り
真珠工房 真珠の里で、自分で真珠筏から貝を引き上げ、真珠を取り出してオリジナルアクセサリーを制作。

2日目 午後：夕焼けを眺めながらシーカヤックに挑戦
夕日の名所、ともやま公園にある志摩自然学校が催行するシーカヤック体験。英虞湾の夕景を海上で楽しむ。

> **ひとこと情報** 賢島は2016年5月の伊勢志摩サミットの開催地。会場となった志摩観光ホテルは、料理の評判も高い名門ホテルだ。

自転車で楽しむアイランドホッピング

広島／愛媛

38 しまなみ海道
（しまなみかいどう）

海に多くの島が浮かぶ ● しまなみ海道

Shimanamikaido

大島の南にある亀老山展望公園から望む来島海峡大橋。しまなみ海道を象徴する風景だ

海に多くの島が浮かぶ ● しまなみ海道

38 しまなみ海道 広島/愛媛

人も自転車も通れる架橋ルートは世界中のサイクリストにも注目される

広島県尾道市と愛媛県今治市を結ぶ全長59.4kmの架橋ルート。正式名称は西瀬戸自動車道という。主に6島(向島・因島・生口島・大三島・伯方島・大島)を通り、各島を機能性と美しさを併せ持つ架橋で結んでいる。

最大の特徴は、ほとんどの橋に自転車歩行者道とバイク道が併設されていることで、サイクリングコースとして世界的な人気を誇る。それぞれの橋から眺められる瀬戸内海の景観は素晴らしく、サイクリングの国際大会も開催されている。洋ランやシクラメンの栽培で知られる向島、除虫菊や自転車の神様で有名な大山神社のある因島、レモンの生口島、神の島・大三島、製塩業の伯方島、大島石の大島など個性豊かな島々を走り抜ける。

島データ

広島県尾道市、愛媛県今治市、越智郡上島町

面積 大三島約65km²、大島約42km²、生口島約31km²、向島約22km²など
周囲 大三島約89km、大島約50km、生口島約34km、向島約28kmなど
人口 大三島約3200人、大島約6400人、生口島約9800人、向島約2万3700人など(いずれも平成28年4月)
最高地点 大三島437m(鷲ヶ頭山)、大島382m(念仏山)、生口島473m(観音山)、向島283m(高見山)など
※因島はP.106参照

問い合わせ先
尾道市観光課 ☎0848-38-9184
今治市観光課 ☎0898-36-1541

アクセス方法

⚓🚌 **尾道**か**今治**から**船**や**バス**を利用

船の場合、尾道からは向島、因島、生口島などへ、今治からは大島、伯方島、大三島、因島などへ直接アクセス可能。各島の間にも航路がある。バスの場合は、尾道～今治間を直通する路線や、途中で乗り継ぐ路線が運行されている。ドライブも人気だが、出入り方向が制限されたハーフインターに注意しよう。

ひとこと情報 おのみちバスが運行する「しまなみサイクルエクスプレス」は、バスに自転車を積み込むことが可能(前日までに要予約)。

見どころ紹介
Place to visit

向上寺の三重塔は国宝。瀬戸内の穏やかな景色に溶け合う

しまなみ海道の中央部に位置
生口島
いくちじま

特産のレモン、名刹の向上寺、平山郁夫美術館や耕三寺などの文化的見どころがあり、小さな島に魅力が凝縮。点在する野外彫刻がアートな雰囲気を醸す。

🚢 尾道港から瀬戸田港まで船で40分

大三島との間に架かる多々羅大橋。「鳴き龍」現象の体験にも注目

国産レモン発祥の地で、島のあちこちで果樹が見られる

由緒ある神社へお参りしたい
大三島
おおみしま

芸予諸島で最も大きな島。古社・大山祇神社や製塩工場、さまざまなミュージアムなど、見どころは豊富。ランチには食堂で新鮮魚介を。

🚢 今治港から宗方港まで船で35分

多くの人々の信仰を集める大山祇神社。宝物館では国宝も展示

「伯方の塩」で知られる
伯方島
はかたじま

昔から製塩業が盛んな島。食堂やレストラン、売店には塩を使ったグルメやおみやげがそろっている。造船・海運業も島を代表する産業のひとつ。

🚢 今治港から木浦港まで船で40分

洋ランの栽培が盛ん
向島
むかいしま

尾道市街と尾道水道を挟んで向かい合っており、渡船ですぐに渡ることが可能。大林宣彦監督の映画のロケ地を巡るファンも多い。

🚢 尾道市街から船で5分。複数の航路がある

向島洋らんセンターでは、花と芝生の「憩の広場」で休憩を

多々羅大橋、伯方・大島大橋、大三島橋を望む開山公園。桜の名所でもある

海に多くの島が浮かぶ●しまなみ海道

しまなみ海道屈指の絶景を
大島
おおしま

最も四国寄りに位置。四国本島との間には来島海峡大橋が架かり、これを望む亀老山展望公園は素晴らしい眺望スポット。村上水軍関連の施設も点在する。
今治港から友浦港まで船で20分

かつて能島村上水軍が本拠を構えた

バラの名所・よしうみバラ公園。世界各地のバラが見られる

自転車旅に快適なのは春・秋　季節／時間

| 1 | 2 | 3 | 4 | 5 | 6 | 7 | 8 | 9 | 10 | 11 | 12 |

四季折々の景色が楽しめ、冬でも気候が比較的穏やかなのが魅力。秋から冬にかけては名産の柑橘類が多く出まわる季節だ。サイクリングをするなら春や秋がおすすめ。夏場は熱中症対策を十分にして臨みたい。夜間のサイクリングは控えたい。

ハッサク 2〜4月　温州ミカン 10〜3月
レモン 1〜5月 ※グリーンレモンは10〜12月

お楽しみポイント

サイクリング
瀬戸内を縦断するしまなみ海道は、今やサイクリストの聖地。美しい島々や海を眺めつつ走る爽快なサイクリングはぜひ体験したい。自転車は各地区のレンタサイクルターミナルで借りることができる。ただ、初心者が1日で縦断するのは難しいため、途中までフェリーで行くか、どこかの島で1泊するのがおすすめ。

柑橘スイーツ
特産の柑橘類をふんだんに使用したスイーツが名物。ジェラートやはっさく大福、レモンケーキなどが代表的だ。素材の味が楽しめるジュースやジャムもおすすめ。

瀬戸内海の幸
獲れたての新鮮な魚介を提供する食堂が、各島に点在している。生口島はタコ料理が有名で、タコづくしの定食が食べられる店も。

尾道から自転車で横断に挑戦　モデルプラン

1日目 午前：尾道で自転車を借りて出発
レンタサイクルステーションは尾道駅前の尾道港にある。まずは渡船で向島へ渡り、因島大橋を渡って因島へ。名物のお好み焼き「いんおこ」などで昼食を。

1日目 午後：生口島で観光＆柑橘スイーツを
生口島に渡ったら、古刹や博物館巡りを楽しみたい。瀬戸田のレトロな商店街や、ビーチの美しい景観も魅力。お店が閉まらないうちに、忘れずにテイクアウトの柑橘スイーツも味わいたい。この日は生口島に宿泊。

2日目 午前：ここから愛媛県。大三島では古社にお参り
大山祇神社は大三島の宮浦地区にあり、伯方島への道とは逆方向なので注意。大三島を出発後は、時間に余裕がなければ伯方島はそのまま通過し、大島へ。新鮮な魚介のランチで腹ごしらえ。

2日目 午後：絶景を堪能し、今治市街へ向かう
大島南端の亀老山展望公園で、来島海峡大橋の眺望を写真に収めよう。そこから1時間ほど走ると、今治市街に到着する。

Column
しまなみ海道 橋ものがたり

最も早く開通したのが大三島橋で、昭和54年（1979）のこと。当時は日本最長のアーチ橋だった。その後、同58年（1983）に2段構造が特徴的な因島大橋が、同63年（1988）に桁橋と吊り橋を組み合わせた伯方・大島大橋が、平成3年（1991）に斜張橋の生口橋が開通。広島県側、愛媛県側の島々がそれぞれ結ばれた。それから8年後の平成11年に、新尾道大橋、多々羅大橋、来島海峡大橋が開通。尾道から今治までが一本の道でつながった。

ひとこと情報　尾道から今治まで自転車で走破すると約70kmの距離になる。一日で走りきるのはなかなか大変なので、途中1泊がおすすめ。

人口ランキング（関係自治体、平成27〜28年の統計資料から。一部古いものあり）

1位	淡路島	兵庫	134,048人	淡路市、洲本市、南あわじ市の3市がある瀬戸内海最大の島。自動車は神戸ナンバー。
2位	天草下島	熊本	78,985人 ※天草上島・旧本渡市地域を含む	天草諸島でいちばん大きい島で、人口も最多。水産業や養殖業に従事する島民が多い。
3位	奄美大島	鹿児島	59,501人	奄美市と4つの町村からなる。人口は奄美市名瀬町に集中。島中に琉球文化が色濃い。
4位	佐渡島	新潟	57,967人	島全土が佐渡市で、中央の国仲平野では稲作が盛ん。伝統芸能に携わる人も多い。
5位	石垣島	沖縄	48,986人	八重山諸島の中核となる島。年間、島民の5倍の数の100万人以上の観光客が訪れる。
6位	宮古島	沖縄	48,208人	宮古列島にある8つの有人島の総人口の約80%が集中。琉球や八重山と異なる文化を守る。
7位	福江島	長崎	35,905人	五島列島の南西部にあり、行政は五島市に属す。美しい海、多数の教会、温泉が有名。
8位	対馬	長崎	32,032人 ※属島を含む	島の6つの町の合併により対馬市に。長崎県だが航路の便利さから福岡県との縁も深い。
9位	種子島	鹿児島	29,095人	西之表市、中種子町、南種子町の1市2町の島。農業と漁業が盛んで食料自給率が高い。
10位	小豆島	香川	28,593人	空港がなく、航路のみで結ばれる離島として国内一の人口を有する。行政区分は小豆郡。

淡路島

天草下島

Column 4 島ランキング その2

人が多い島は？島が多い県は？

日本にある6852の島のうち、有人島は約420。島の人口減少が報じられるため、島民数は少ないと思いがちだが、淡路島の13万人超を筆頭に、島で暮らす人は案外多い。島の多い都道府県の6位には、首都・東京がランクイン。日本はまさに「島国」なのだ。

島の多い都道府県ランキング（昭和61年海上保安庁水路部調査から）

順位	都道府県	代表的な島	島数	備考
1位	長崎	壱岐島、対馬島、九十九島など	971島	海に囲まれた地形のため、島の数は最多。有人島は73。長崎県民の約10%が島で暮らす。
2位	鹿児島	屋久島、奄美大島、種子島など	605島	南北約600kmに広がる県域のため、温帯と亜熱帯の島々が点在。離島総人口は国内1位
3位	北海道	利尻島、奥尻島など	508島	根室市、函館市、稚内市沖に多くの島が点在するが、有人島は北方領土を除くと5島のみ。
4位	島根	隠岐島後、西ノ島、竹島など	369島	東西に細長い島根県は、出雲・石見・隠岐の3地域に分かれ、各々日本海側に島が多い。
5位	沖縄	石垣島、宮古島、尖閣諸島など	362島	東西約1000km、南北約400kmの県域に無数の離島が浮かぶ。亜熱帯の自然も特徴的だ。
6位	東京	小笠原母島・父島、伊豆大島など	330島	東京都の島々は南北1200kmもの距離に点在。伊豆諸島と小笠原諸島に分かれ、無人島も多い。
7位	宮城	松島、金華山など	311島	太平洋の荒波を受ける複雑な海岸線沖に美しい島々が浮かぶ。なかでも松島湾の島は絶景。
8位	岩手	大島、出島など	286島	個性豊かな島が県東部の日本最大級のリアス式海岸沖に点在するが、なんと有人島はゼロ。
9位	愛媛	大崎下島、生口島など	270島	日本唯一の内海である瀬戸内海に大小の島々が散らばる。直島など「アートの島」も増加中。
10位	和歌山	中ノ島、友ケ島など	253島	海岸線が長いため、島数も多い。紀淡海峡にある友ケ島は「ラピュタの島」として人気。

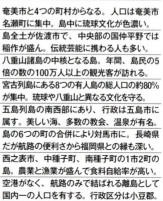
長崎・九十九島

鹿児島・奄美大島と喜界島

海を渡り
祈りの島へ

信仰の対象となった海を隔てた聖地、迫害から逃れたどり着いた隠れ家。
長く人々の祈りを受け止め続けてきた島々を巡る。

39 厳島 138
40 金華山 144
41 天草下島 146
42 中通島 150
43 青島 154
44 久高島 156
TOPIC 島の祭り 45 悪石島 158
46 伊是名島 159
47 神島 160
48 姫島 161

美しい山並を背に海上に浮かぶ社殿
広島

39 厳島(いつくしま) 世界遺産

VOICE
満潮時には水面に浮かぶような厳島神社の美しさを、干潮時には大鳥居の巨大さを間近で感じられます(真平)

海を渡り祈りの島へ ● 厳島

島の最高峰・弥山の中腹へはロープウェイで。瀬戸内海の見事な多島美が楽しめる

厳島神社の各社殿を結ぶのは長さ約275mの廻廊。国宝指定

39 厳島(いつくしま) 広島

> 海を渡り祈りの島へ ● 厳島

島データ
広島県廿日市市
面積 約30km² **周囲** 約29km **人口** 約1800人（平成22年）
最高地点 535m（弥山）

日本三景のひとつに数えられる島は外国人観光客もお気に入りの景勝地

　通称は宮島。北東部に市杵島姫命(いちきしまひめのみこと)を祀る、広島湾に浮かぶ嚴島神社があり、ユネスコの世界遺産に登録されている。全国に500社ほどある厳島神社の総本社(そうほんしゃ)でもある。創建は推古元年（593）とされるが、平清盛(たいらのきよもり)によって整備されたという現在の社殿は、本社本殿、本社祓殿、摂社客神社本殿、摂社客神社祓殿、東廻廊、西廻廊が国宝に指定されている。重要文化財の大鳥居は高さが16mあり、日本三大鳥居のひとつとされる。

　かつて伊藤博文も絶賛した、島の最高峰である弥山(みせん)（535m）からの瀬戸内海の景観や、初日の出の素晴らしさも人気で、多くの観光客が訪れる。ミヤジマトンボが固有種として生息するが、国の絶滅危惧種となっている。

アクセス方法
⚓ **宮島口桟橋からフェリーで約10分**

広島市内からは、JR山陽本線か広島電鉄を利用して宮島口駅へアクセス。JR山陽本線の場合、広島駅から所要約30分。宮島口駅から宮島口桟橋までは徒歩約5分。広島電鉄の場合、広島駅から所要約1時間10分。広島電鉄の宮島口駅は宮島口桟橋のすぐ目の前にある。宮島口桟橋から宮島桟橋へはフェリーで所要約10分。JR西日本宮島フェリーと宮島松大汽船の2社が運航している。

! **ひとこと情報** 厳島神社の風景は、干潮時と満潮時では大きく異なる。宮島観光協会HPで年間潮汐表をチェックしておこう。

見どころ紹介
Place to visit

海上に浮かぶような神秘的な社殿
嚴島神社
いつくしまじんじゃ

創建は1400年以上前の推古天皇の時代。仁安3年(1168)に平清盛により、現在のような社殿に修造された。昼も風雅だが、夜間のライトアップも美しい。
🚋 宮島桟橋から徒歩15分

弥山とともに、平成9年(1996)に世界遺産に登録された

厳島の名物グルメやみやげがずらり
表参道商店街
おもてさんどうしょうてんがい

通称「清盛通り」。カキや穴子など、名物料理を提供する食事処や、もみじ饅頭などのみやげ物を販売する店が軒を連ねる。店じまいが比較的早いので注意したい。
🚋 宮島桟橋から徒歩5分

一本裏手にある「町家通り」もレトロな雰囲気が魅力的

厳島の御神体とあがめられる聖なる山
弥山
みせん

厳島の最高峰で、標高は535m。原始林が広がる山中にはハイキングコースが整備されている。頂上付近には古い堂宇が点在している。
🚋 宮島桟橋から紅葉谷駅まで徒歩30分、紅葉谷駅から獅子岩駅まで宮島ロープウエーで15〜30分

ロープウェイを降りてすぐのところにも展望台があり、素晴らしい眺望が楽しめる

海を渡り祈りの島へ ● 厳島

10のゾーンで瀬戸内海を紹介
宮島水族館 みやじマリン
みやじますいぞくかん みやじマリン

瀬戸内海を中心に、約350種1万3000点以上の水の生き物を展示する。一番人気のスナメリのほか、アシカのライブやカキ筏の海中の様子など、見どころ豊富。

宮島桟橋から徒歩25分

ミュージアムショップも併設され、おみやげに好評

1階と2階で違う角度から水槽を見られるなど、展示方法も工夫

お楽しみポイント

もみじ饅頭
もみじの形をしたふわふわ生地の中に、餡がたっぷり詰まった広島名物。小豆が定番だが、クリーム、チョコなどバリエーションも豊富。揚げ饅頭も好評。

カキ
厳島の周辺ではカキの養殖が盛ん。生ガキ、焼きガキ、鍋などなど、多彩な調理法で味わうことができる。表参道商店街にはテイクアウトできる店も並ぶ。

穴子めし
穴子の蒲焼きをご飯にのせたもの。香ばしいタレの風味がたまらない。宮島口駅前にある「うえの」のものがとくに有名。弁当をテイクアウトすることも可能だ。

ハイシーズンは紅葉の見ごろ 季節／時間

| 1 | 2 | 3 | 4 | 5 | 6 | 7 | 8 | 9 | 10 | 11 | 12 |

紅葉の時季は、厳島神社周辺や紅葉谷公園、弥山などが見事な錦に染まる。桜の季節も美しい。ただしどちらも非常に混雑するので、落ち着いて観光するなら少し時期をずらしてもいい。一年を通じて、厳島神社の行事も多く執り行なわれている。

桜 3月下旬～4月上旬　紅葉 11月上旬～下旬

満潮、干潮時刻の確認を　モデルプラン

1日目

午前 厳島神社を参拝し、名物グルメでランチ
干潮と満潮は約6時間ごとに交互に繰り返される。大鳥居へ歩いて行けるのは干潮時だけなので、午前中がこの時間に当たらなければ、午後の見学も考えたい。昼食は表参道商店街周辺でカキやあなごめしを。

午後 弥山のハイキングは、体力や時間と相談
紅葉谷公園からロープウェイで弥山の中腹へ。そこから山頂までは約30分の登山になる。ロープウェイを降りてすぐの展望台の眺望も見事なので、体力に自信がなければ無理はせずに。登る場合も、帰りのロープウェイやフェリーの時間には注意。

Column
満潮時に舟で大鳥居をくぐる

満潮時には「ろかい舟」という木造の舟に乗って、船頭の解説を聞きながら、大鳥居をくぐることができる。鳥居と社殿を正面に望む位置は写真撮影のベストスポットだ。乗り場は表参道商店街を南側に抜けてすぐのところ。

ひとこと情報 島内には老舗の旅館が点在し、部屋から大鳥居が見られる宿もある。島に宿泊してゆったり過ごすのもおすすめだ。

40 金華山
きんかさん
黄金伝説が残る聖なる島山　宮城

牡鹿半島御番所山から望む金華山。海にこんもりと浮かぶ

『万葉集』にも詠まれた金運スポット
出羽三山、恐山と並ぶ奥州三大霊場

　牡鹿半島の沖合から東に約1kmの太平洋上にある信仰の島。聖武天皇が東大寺大仏を建立する際、陸奥の国守が黄金900両を献上し、のちにこの島に神社を創建、金運・開運の島として信仰を集めるようになった。島の黄金山神社に3年続けて参拝すると、生涯お金に困らないという。島の随所でニホンジカを見かける。鹿の角切りは島での秋の風物詩だ。奇岩や怪岩、千畳敷の広がる海岸線、パノラマが広がる山頂の奥の院など、山と海の景勝地にも足を運びたい。

島データ
宮城県石巻市
面積 約10km² 周囲 約26km 人口 5人（平成28年4月）
最高地点 445m（金華山）
問い合わせ先 石巻観光協会牡鹿事務所 ☎0225-45-3456
金華山黄金山神社 ☎0225-45-2301

アクセス方法
⚓ 鮎川港から客船で約20分
⚓ 女川港から高速船で約35分

鮎川港と女川港から出る定期船は、日曜のみそれぞれ1日1便の運航と限られているため、予約は欠かせない。天候などにより運航状況も変わるため事前確認をしておきたい。ほかに、海上タクシーをチャーターすることもできる。宿泊をする場合や、ゆっくりと島をまわりたいならば、こちらを利用する。

海を渡り祈りの島へ ● 金華山

霊山の中心である黄金山神社の本殿

鹿は神の使いとして大切にされている。約500頭が棲むという

5月の大祭に人が多く集まる　季節／時間

| 1 | 2 | 3 | 4 | 5 | 6 | 7 | 8 | 9 | 10 | 11 | 12 |

5月最初の巳の日に行なわれる初巳大祭は、弁財天信仰に基づく黄金山神社最大の祭り。期間中は、祈祷殿で祈祷を受けることで特別に御本殿へ参拝することができる。春の桜も美しい。

桜　4月下旬〜5月中旬

Column
参籠で霊山にお泊まり

入り組んだ地形の牡鹿半島のさらに海を渡った先にあり、交通の便が良いとはいえない金華山では、1泊してゆっくりと霊山をまわる参籠が古くから行なわれてきた。境内の参集殿に宿泊すれば、明朝、行なわれる一番大護摩祈祷に参加することができる。

石巻観光を組み合わせて　モデルプラン

1日目
- 午前　**金華山への起点・石巻に到着**
  仙台駅から電車で1時間ほどで石巻駅へ。
- 午後　**マンガの街をゆっくりと散策**
  石巻は仮面ライダーなどで知られる石ノ森章太郎ゆかりの地。街にはキャラクターの像や博物館が点在。

2日目
- 午前　**牡鹿半島を抜け、金華山に向かう**
  早朝、石巻駅からバスで鮎川港へ、定期船に乗り金華山へ渡る。定期船利用だと1時間30分ほどの滞在時間なので、訪れる場所はあらかじめ計画しておこう。
- 午後　**お参りを終えたら、船で鮎川港へ戻る**
  再び船で鮎川港へ戻り、昼食。次の目的地へ向かう。

お楽しみポイント

金華サバ

金華山沖の冷たい海で育ったサバは、たっぷりのった脂と引き締まった身が特徴の高級魚。〆鯖や焼き物で。

ひとこと情報　宿泊施設が多く、距離も近い石巻が拠点として便利。仙台からも行けるが、2時間ほどかかるので乗車便の時刻など事前確認を。

海と教会が人々の思いを見守る

41 天草下島
あまくさしもしま
熊本

VOICE
明治になって建てられた教会と日本の風景とのミスマッチがおもしろい。隠れキリシタンの資料も印象的だった(tamiton)

海を渡り祈りの島へ ● 天草下島

Amakusa-Shimoshima

集落の中に突如現れる十字架が目を奪う﨑津教会

見どころ紹介
Place to visit

漁村に建つゴシック様式の教会
﨑津教会
さきつきょうかい

珍しい畳敷きの堂内は、とりわけステンドグラスが美しい。見学には事前連絡が必要となる。

✉ 教会口バス停からすぐ

﨑津教会近くの岬の海上に向かってマリア像が立つ

白亜の建物がひときわ目立つ

昭和の天草布教のよりどころ
大江教会
おおえきょうかい

高台に建つロマネスク様式の教会。フランス人神父・ルドビコ・F・ガルニエが昭和8年(1933)に建てたもので、彼は生涯を天草布教に捧げた。

✉ 天主堂入口バス停からすぐ

カトリックの聖地フランス・ルルドの聖母像と泉を摸した洞窟

隠れキリシタンの暮らしを知る
天草ロザリオ館
あまくさロザリオかん

大江教会の建つ丘の麓にある。踏み絵(複製)やキリシタンの隠れ部屋も再現されており、天草のキリシタンの歴史を知るうえで貴重な資料を展示している。

✉ 天主堂入口バス停からすぐ

天草市立天草玩具資料館を併設しており、全国の郷土玩具を展示

約200頭の野生イルカの生息地
天草イルカインフォメーション
あまくさイルカインフォメーション

通詞島の周辺は魚類が豊富のため、野生のイルカが生息している。季節を問わず一年を通じて至近距離でイルカに出会えるのもうれしい。

✉ 本渡港から車で30分

天草はイルカとの遭遇率が高いのが特徴

美しい夕日が見える景勝地
十三仏公園
じゅうさんぶつこうえん

北には国の天然記念物・妙見浦、南に白鶴浜海水浴場までが一望できる絶景ポイント。公園内に与謝野鉄幹、晶子夫妻の歌碑が立つ。

✉ 天草空港から車で1時間

岩がゾウのように見える妙見岩も見つけてみたい

海を渡り祈りの島へ ● 天草下島

41 天草下島 熊本

キリシタンの里の面影残す
海の恵み豊かな漁業の島々

　大小120の島々からなる天草諸島。現在では本土から大矢野島、永浦島、大池島、前島、天草上島を結ぶ天草五橋が架けられ、主要な島には陸伝いでアクセスできる。周辺の海は真珠の養殖が盛んなため、このルートはパールラインと名付けられ、海に浮かぶ島影を縫うように漁船が行く眺望の美しさで、日本の道100選にも数えられている。

　また、天草はキリシタン一揆の激戦地として有名。キリシタン墓地や天草四郎公園など彼らの壮絶な歴史に思いを馳せることのできる場所も多い。

　諸島最大の面積を有する天草下島には、﨑津教会、大江教会など古い教会が残り、今も毎週日曜にはミサが行なわれている。九州屈指の漁業地としても知られ、タコや車エビ、ウニなどが獲れる。

島データ
- 熊本県天草市、天草郡苓北町
- 面積 約570㎢　周囲 約301km
- 人口 約7万9000人（平成28年5月、天草上島・旧本渡市地域を含む）　最高地点 538m（天竺山）
- 問い合わせ先 天草宝島観光協会 ☎0969-22-2243

お楽しみポイント

押し包丁
平たい団子が入った熊本名物のだご汁とは違い、小麦粉の生地を包丁で押して切った麺が入る。だしは家庭により異なる。夏には冷たいぶっかけ麺が並ぶ。

Column　天草の石橋

天草の橋といえば今ではパールラインが有名だが、街なかには趣ある石橋が多く架かっている。天草は昔から石工が盛んな土地で、長崎のグラバー邸や大浦天主堂を手がけたのもこの地域の石工だった。写真は町山口川に架かる多脚式アーチ型の祇園橋。

アクセス方法
- 三角港からクルーズ船で約1時間
- 福岡空港から飛行機で約35分
- 熊本交通センターからバスで約2時間30分

熊本駅からJR三角線の終着・三角駅へ行き、歩いて三角港へ（徒歩5分）。天草宝島ラインのクルーズ船は1日3往復しており、松島を経て本渡港へ着く。また、天草エアラインが運航する飛行機は大阪から熊本空港で途中降機し天草へ降り立つ便もある。

天草の魚介の旬をチェック　季節／時間

1	2	3	4	5	6	7	8	9	10	11	12

年間平均気温は17℃前後と比較的温暖な気候。イルカは一年中見られるといわれるが、とくに春～秋にかけては出産シーズンで、赤ちゃんイルカが見られることもある。天草名産ムラサキウニの解禁は3月で、種類豊富なウニ料理が楽しめる。

- ムラサキウニ　3～6月
- 天然車エビ　6～8月

風光明媚なドライブコース　モデルプラン

1日目

午前：**天草エアラインで天草空港に到着**
レンタカーを借りて、海の幸がふんだんに盛られた海鮮丼で早めのランチ。国道266号を通って﨑津教会へ向かう。

午後：**﨑津教会や大江教会など**
﨑津教会を見学。﨑津に古くから伝わる名物「杉ようかん」を購入。車で15分、天草ロザリオ館や大江教会を見学。帰りは海岸沿いのサンセットラインをドライブ。途中、透き通るような白さで名高い天草の焼物・高浜焼の窯元に立ち寄り。サンセット時間に合わせて十三仏公園へ。下田温泉に宿泊。

2日目

午前：**愛らしい野生イルカを間近で観察**
通詞島で朝いちばんのイルカウォッチング（所要1時間）。車で体験型のオリーブ農園へ。園内を見学したあとは、手搾りでオリーブオイルを作ってみる。

午後：**話題の観光列車で熊本へ**
昼食後は、本渡港から三角港までクルーズ船に乗る。観光列車の「A列車で行こう（要予約）」で三角駅から熊本駅へ。天草でもう1泊滞在するなら、本渡港から恐竜の島・御所浦島へも足を延ばしたい。

⚠ ひとこと情報　観光は天草のハイライトを巡る「天草ぐるっと周遊バス」が便利。下田温泉、本渡港、牛深港を起点とする3コース（要予約）。

険しい地形の十字の島に多くの教会が建つ

長崎

42 中通島
なかどおりじま

Nakadorijima

海を渡り祈りの島へ ●中通島

美しいステンドグラス
が飾る青砂ヶ浦天主堂

見どころ紹介
Place to visit

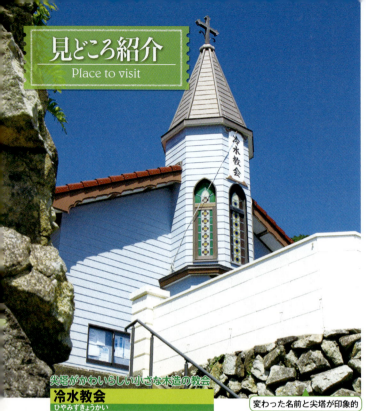

尖塔がかわいらしい小さな木造の教会
冷水教会
ひやみずきょうかい

明治40年(1907)に、当時27歳だった中通島出身の教会建築士、鉄川与助が独立し、初めて設計施行を手がけた教会。
🚗 有川港から車で20分

変わった名前と尖塔が印象的

「水鏡の教会」とも呼ばれる
中ノ浦教会
なかのうらきょうかい

中ノ浦湾沿いに建つ、小さな教会。波風が穏やかな日に対岸から眺めれば、真っ白な建物が水面に反映し、まるで絵画のような風景が広がる。
🚗 奈良尾港から車で20分

外観のイメージと同様に、内部も華やかに装飾され明るい

堂内空間の美麗さに息をのむ
青砂ヶ浦天主堂
あおさがうらてんしゅどう

奈摩湾に臨む、丘の上に建つ教会。レトロな赤レンガ積みの建物の中は、白壁とアーチ、色鮮やかなステンドグラスが美しく調和し、神聖な雰囲気が漂う。
🚗 有川港から車で20分

現在の建物は3代目。明治43年(1910)に鉄川与助の設計で建てられた

外観と内部の懸隔「花の御堂」
頭ヶ島天主堂
かしらがしまてんしゅどう

全国的にも珍しい石造りの教会堂。頭ヶ島で切り出された石を積み上げた、重厚感のある外観とはうって変わって、内装には、花をモチーフにした意匠がちりばめられ、かわいらしい。
🚗 有川港から車で30分

5月下旬にはマツバギクが満開になる。教会の前に植えられているのはベゴニア

船舶の往来を見守るように建つ
桐教会
きりきょうかい

明治30年(1897)、桐地区が中五島で最初に小教区として設立された際に建立された。入り江に面した丘の上に建つ姿は、往来する船舶の航海の無事を祈っているかのように見える。
🚗 奈良尾港から車で10分

川のような小瀬戸を望む丘の上に建つ白亜の教会

絶景事典 photo by 中山 正寿

42 中通島 長崎

海を渡り祈りの島へ ● 中通島

鮮魚に椿油、うどんなど名産品も豊富
美しくも苛烈な自然と歴史を有す島

　長崎の西に浮かぶ五島列島。北東の端から南西の端までの総距離は150kmにも及び、本土とも離れているため変化に富んだ自然が楽しめる離島群だ。また、イザナギ、イザナミにより誕生したとされるこの島々には、古くは旧石器時代の遺跡が、さらには遣唐使船、倭寇、朝鮮出兵、隠れキリシタンと激烈な歴史の記録が残る。

　ことに中通島を含む上五島地区はリアス式の入り組んだ海岸線と急峻な土地に守られるようにキリスト教徒が暮らした地で、中通島だけでも26もの教会が建つ。レンガやステンドグラスを配した和洋折衷の建築や夕日に浮かぶ十字架のシルエットが、物悲しくも美しい景色をつくっている。

島データ
- 長崎県南松浦郡新上五島町
- 面積 約168km² 周囲 約280km 人口 約2万人（平成22年10月） 最高地点 443m（番岳）
- 問い合わせ先
- 新上五島町観光物産協会 ☎0959-42-0964

お楽しみポイント

🍜 五島手延うどん
上五島名物の五島手延うどんは、卓上の鍋で茹でた麺を箸でとり、アゴでだしをとったつゆや、生卵につけていただく「地獄炊き」という地元では定番の食べ方がおすすめ。

Column
キリスト教徒への最後の弾圧「五島崩れ」

幕末から明治はじめ、開国後もキリスト教禁教は維持されていた。だが、開港された長崎にカトリック教会が建てられると、神父のもとへ指導を求めて信仰を告白する信徒が続々と現れた。五島でも信仰を表明する信徒が増え、五島の福江藩はキリスト教の大規模な弾圧を開始。結果43人の殉教者を出す「五島崩れ」が起きた。キリスト教徒への仕打ちに憤る外国勢力は、明治政府に激しい抗議を行ない、明治6年（1873）のキリスト教解禁へとつながった。

アクセス方法
- ⚓ 佐世保港から有川港まで高速船で1時間30分
- ⚓ 長崎港から鯛ノ浦港まで高速船で約1時間30分
- ✈ 長崎空港から飛行機で約30分

高速船やフェリーを利用する場合、目的地によって入る港が異なる。おもな港は島中央部の有川港と鯛ノ浦港、南部の奈良尾港など。長崎港からは、鯛ノ浦港まで高速船で約1時間30分、奈良尾港までフェリーで約2時間40分。佐世保港からは、有川港まで高速船で1時間20～30分、フェリーで約2時間35分。

🍀 ベストシーズンは5～9月　　　季節／時間

1	2	3	4	5	6	7	8	9	10	11	12
				●	●	●	●	●			

中通島を含む五島列島は一年を通じて観光を楽しみやすい。観光のベストシーズンは夏で5～9月頃。美しい海でのダイビングや海水浴を楽しむため、多くの旅行客で賑わう。

- キビナゴ　通年　　ハコフグ　冬　　ミズイカ　冬
- 相河川のホタル　5月中旬～6月上旬

📝 教会巡りと美しい海を満喫　　モデルプラン

1日目

午前／佐世保港から中通島へ高速船で向かう
佐世保港から出ている高速船に乗り、中通島の有川港へ。所要時間は約1時間30分。

午後／ランチはうどん。午後はレンタカーで教会巡り
島に到着したら港付近でレンタカーを借りよう。レンタカーは事前に予約しておくとスムーズ。ランチは有川港周辺で中通島名物のうどんを堪能。腹ごしらえを済ませたら、午後は教会巡り。頭ヶ島天主堂や青砂ヶ浦天主堂を中心に、気になる教会へ訪れてみよう。

2日目

午前／美しく輝く海で、マリンスポーツに挑戦
中通島の海は、青く透き通っていてとてもきれい。各ビーチでは、シーカヤックツアーなどのマリンスポーツ体験ができるので、催行会社に申し込んでチャレンジしてみたい。海の美しさを体感できる。

午後／矢堅目の塩本舗で工房見学。16時に高速船で長崎へ
有川港から車で15分のところにある矢堅目の塩本舗では、五島近海の海水を使い、昔ながらの釜炊きで仕上げる自然海塩の塩作りを見学でき、その塩を購入することもできる。時間に余裕があれば、有川港近くにある、上五島の捕鯨の歴史と文化に関わる資料を展示する鯨賓館ミュージアムにも足を運んでみたい。

💡 ひとこと情報　宿泊施設は気取らない民宿からリゾートホテルまで島内に点在している。福江島まで考えれば、さらに選択肢は広がる。

橋を渡り縁結びの神様に会いに行く

宮崎

43 青島（あおしま）

VOICE 青島神社の境内は厳かで神秘的な空気が漂っていますが、南国情緒満点の景色と交じり合ってどこか明るく、独特な雰囲気でした（フジモト）

自然豊かな島には海幸山幸伝説やトヨタマヒメのロマンスが残る

　波の浸食と隆起によってつくられた奇岩"鬼の洗濯板"は「青島の隆起海床と奇形波蝕痕」として国の天然記念物になっているが、それらが囲むようにして青島神社が鎮座する。朱塗りが美しい神殿の主祭神は彦火火出見命（山幸彦）、豊玉姫命、塩筒大神で、縁結びのスポットとして人気を集めている。島は江戸時代まで禁足地だったので亜熱帯植物群の自然がよく残っており、これも国の天然記念物に指定されている。なかでも樹齢350年を超すとされるビロウの大群落は圧巻だ。

島データ

宮崎県宮崎市
面積 約0.04km² 周囲 約0.86km 人口 約3人（平成12年）
最高地点 6m
問い合わせ先
宮崎市観光協会 ☎0985-20-8658

アクセス方法
宮崎駅から青島駅までJR日豊本線・日南線で約30分

運行は1〜2時間に1本程度。青島駅は青島の対岸にあり、そこから歩いて島へ渡る。また、宮崎駅から宮崎交通バスを利用する方法もある。青島の対岸、参道入口付近にある青島バス停で下車。15〜30分おきの運行だが、時間帯によりばらつきがある。

海を渡り祈りの島へ ● 青島

青島は「鬼の洗濯板」と呼ばれる奇岩に囲まれ、亜熱帯の植物が鬱蒼と茂る

神話『海幸山幸伝説』の舞台と伝わる青島神社

夏の盛りと正月が賑わう　季節／時間

1	2	3	4	5	6	7	8	9	10	11	12

島の対岸には宮崎県内随一の賑わいをみせる青島海水浴場が広がり、海開きの期間中はイベントも多数開催。正月には青島神社の参拝客が多数訪れる。毎年成人の日の「裸まいり」も見もの。

海水浴　7月上旬～8月下旬

南国らしい景勝地を巡る　モデルプラン

1日目

午前　宮崎駅周辺や宮崎空港でレンタカーを借りる
宮崎県内はレンタカーがあると、行動範囲がぐっと広がる。車を借りたら、宮崎神宮など宮崎市内の見どころを訪ね、宮崎名物のチキン南蛮でランチ。

午後　宮崎の歴史や自然を感じるスポット巡り
昼食後は西都原古墳群や、吊り橋で有名な綾町など、宮崎市街の北側にある比較的近場のスポットへ。宿は宮崎市街に取り、夜は地鶏や宮崎牛を肴に地元の焼酎を試してみたい。

2日目

午前　朝早いうちに青島を訪れ、青島神社にお参り
とくに夏場は南国特有の強い日差しが照りつけるので、比較的涼しい朝のうちに青島に到着したい。青島神社ではさまざまな願掛けの神事が体験できる。

午後　潮風が心地よい日南海岸を爽快ドライブ
青島から車で、海沿いをさらに南へ向かう。太平洋のパノラマやフェニックスの並木が美しい南国情緒満点のドライブコースだ。途中には青島神社と並び有名な鵜戸神宮もある。

ひとこと情報　青島の周辺には海の景色を楽しめるリゾートホテルが点在しているので、こちらに宿泊してもいい。

今も男子禁制の地が残る琉球始まりの地

沖縄

44 久高島
くだかじま

Kudakajima

島の対岸、本島の知念にある斎場御嶽。琉球の祖神・アマミキヨが最初に降り立った久高島を拝むための「久高遥拝所」がある

海を渡り祈りの島へ ● 久高島

島の最北に位置するカベールの岬。アマミキヨが最初に降り立ったと伝わる場所

海へと続く緑のトンネル。島全体が聖域とされ、手つかずの自然が残されている

「アマミキヨ」が降り立った神とのえにしが深い島

　琉球創世の女神、アマミキヨが降臨し、五穀をお伝えになったという神聖な島。沖縄本島にある代表的な聖地、斎場御嶽と死後の世界であるニライカナイの間にあるとされ、神の船が着くイシキ浜、アマミキヨが降り立ったとされるカベール岬、御嶽、拝み所などの聖地が島内いたるところにある。現在では行なわれる祭事は年間30ほどだというが、つい最近まで毎日お祭りがあったというほど神との距離が近い。島の周囲は約8km、坂が少ないので散策にはレンタサイクルが便利。

島データ
沖縄県南城市
面積 約1.4㎢　周囲 約8km
人口 約270人（平成27年1月）　最高地点 17m
問い合わせ先
南城市観光協会 ☎098-948-4611

アクセス方法
⚓ 阿座間港から高速船で約15分、フェリーで約20分

まずは、那覇空港から東へ約29km、車で約45分の南城市・阿座間港へ。阿座間港から久高島の徳仁港までは高速船で約15分（片道760円、1日3便）、フェリーで約20分（片道670円、1日3便）。便数は多くないので、帰りの便の時間を確認しておこう。

聖地をまわり、パワーチャージ　モデルプラン

1日目
- 午前：ニライ橋・カナイ橋をドライブ
  海を望む全長1.2kmの橋を渡り、斎場御嶽へ
- 午後：世界遺産にも登録されている聖地、斎場御嶽を訪ねる
  琉球の祖神・アマミキヨがつくった七御嶽のひとつ。自然のなかに香炉や石が置かれ、神聖な雰囲気が漂う。

2日目
- 午前：久高島を巡り、神話に触れる
  アマミキヨが降り立ったカベール岬、ニライカナイに通じると伝わるイシキ浜など伝説の残る地を巡る。
- 午後：貴重な島の味を堪能
  かつては宮廷料理でもあったイラブー汁を味わう。

お楽しみポイント

イラブー汁

久高島の名物料理。イラブーとは海ヘビのことで、島では神の使いとされている。燻製にしたイラブーを昆布やソーキと煮込んで作る滋養強壮に効果のあるスープ。

🍀 晴れの多い夏に訪ねたい　季節／時間

1	2	3	4	5	6	7	8	9	10	11	12

一年を通して温暖な気候で、どの季節に行ってもよい。7〜9月は晴れる日が多く、きれいな景色を楽しむことができる。

海水浴 4月下旬〜10月上旬
花の多い時期 3〜5月

⚠ ひとこと情報　久高島には民宿が数軒あるが、客室数は多くないので要注意。本島に宿泊し、日帰りで行っても十分に巡ることができる。

大切に守られてきた島の伝統に触れる
島の祭り TOPIC

Akusekijima　Kamishima
Izenajima　Himeshima

赤土が付いたマラ棒で悪霊を祓うボゼ神。祭りが終わると仮面は壊される

これといった観光スポットがないぶん、のんびりと過ごすことができるはず

東シナ海を望む湯泊温泉の露天風呂。島にはほかに砂蒸し温泉や海中温泉がある

45 悪石島（あくせきじま） 鹿児島

日本一長い村にある島に伝わる仮面と腰蓑の装束で悪霊を祓う奇祭

悪石島のあるトカラ列島は鹿児島郡十島村に属し、その南北の距離は約160kmもある。旧暦の7月16日に現れるボゼという仮面装束による伝統行事でよく知られ、多くの観光客が訪れる。異形の面を被ったボゼに扮した若者がボゼマラという男根を思わせる棒を持ち、おもに女子どもを追いかけて、棒の先に塗られた赤い泥を擦りつけて村人の無病息災、子孫繁栄を願うという奇祭だ。

島データ
鹿児島県鹿児島郡十島村
面積 約7.5km²　周囲 約13km
人口 73人（平成28年5月）　最高地点 584m（御岳）
問い合わせ先
十島村役場悪石島出張所　☎09912-3-2063

アクセス方法
⚓ **鹿児島本港**から**フェリーで約10時間**

フェリーとしまは、鹿児島を出港しトカラ列島の各島を経由、奄美大島の名瀬港へ、出港の2日後に鹿児島へ戻る。奄美大島から向かうと所要5時間。通常は週2便だが、祝日などで名瀬に2泊したり臨時便が出たり変動するため事前に要確認。祭り時は島の宿泊施設が足りなくなり個人の手配は難しいので、ツアーに参加するのが無難。

TOPIC ● 島の祭り

本土では忘れられてしまった信仰や習慣が残っていたり、古い時代に持ち込まれてきた文化に独自の変化が起きていたり。ほかでは見られない祭りの光景に出会えることも、島の魅力のひとつ。

46 伊是名島（いぜなじま） 沖縄

島民は進貢船に乗る伊是名の船員の安全を願って神に祈りを捧げた

主島と3つの無人島からなり、周囲はエメラルドグリーンの海とサンゴが目を奪う。旧暦8月11日には、島の勢理客（せりきゃく）集落で航海安全を祈願するイルチャヨー祭りが、五穀豊穣を願う豊年祭も兼ねて行なわれる。これは琉球王国時代、中国への進貢船の船員は伊是名島の出身者が多かったため、かれらの航海の安全を祈願したことに始まるという。この祭りは伊平屋島（いへやじま）にも残る。

島データ
- 沖縄県島尻郡伊是名村
- 面積 約14km²　周囲 約16km　人口 約1500人（平成27年1月）
- 最高地点 120m（大野山、チジン山）
- 問い合わせ先 いぜな島観光協会　☎0980-45-2435

アクセス方法
⚓ **運天港**から**フェリー**で**約1時間**

現在は沖縄本島の本部半島にある運天港から出ているフェリーいぜな尚円が、唯一のアクセス手段。午前と午後の1日2便。那覇空港から運天港へは、車で約2時間。車やタクシーを使わないならば、やんばる急行バスが運行している運天港行きの路線で、所要約2時間50分。伊是名島内の移動はレンタカーやレンタサイクルで。車ならば20分ほどで島内を一周できる。

イルチャヨーで笑みを浮かべた面を付けた神が子どもを連れて歩きまわる
写真提供：島の風（http://www.shimanokaze.jp）

島の名勝である陸（あぎ）ギタラ・海ギタラ。ギタラとは切り立った岩という意味

公事清明祭（くーじぬしーみー）が行なわれる第二尚氏王朝の王の家族、親族を葬る聖墓、玉御殿（たまうどぅん）

47 神島（かみしま） 三重

吉永小百合も山口百恵も『潮騒』のロケでやって来た民俗学の宝庫

伊勢湾口にある離島で、神が支配する島とされ、民俗学の宝庫でもある。三島由紀夫の小説『潮騒』の舞台としても知られ、その映画のロケ地にもなった。毎年1月1日の未明に八代神社で行なわれるゲーター祭は、グミの木で作った白い輪「アワ」を竹で刺して上げ落とすという新年を迎える神事で、太陽信仰に由来するという。島は「恋人の聖地の30か所」のひとつにも選定されている。

島データ

三重県鳥羽市
面積 約0.76km² 周囲 約3.9km
人口 約400人（平成28年2月） 最高地点 171m（灯明山）
問い合わせ先
鳥羽市観光課 ☎0599-25-1157

アクセス方法

⚓ **鳥羽マリンターミナル**から**客船**で**約40分**

鳥羽マリンターミナルか、鳥羽水族館に近い中之郷で鳥羽市営定期船に乗船。直行便は1日4便。愛知県伊良湖港から出る神島観光船では約15分で着く。1日4便（冬季は2便）。島内は徒歩でぐるりとまわってもそれほど時間はかからない広さ。

ゲーター祭が行なわれる島の氏神である八代神社。214段の石段の上にある

島の前に広がる海は伊良湖水道。愛知県の伊良湖岬観光に組み込むことも可能

映画『潮騒』のクライマックスの舞台となった監的哨跡

島の男たちが長い竿で「アワ」を高く持ち上げ、地面に落とす

TOPIC ● 島の祭り

面を付けた子どもが踊る、かわいらしい姿が見られる

姫島は九州東側にある大分県では珍しい、海に夕日が沈む場所。朝日も美しい

庄屋として島を治めていた古庄家の、築170年を超える屋敷。伊藤博文や勝海舟も訪れたそう

債鬼（借金取り）から1000人をかくまったという伝説が残る千人堂

48 姫島(ひめしま) 大分

国生み神話と黒曜石で知られる島で演じられるキツネの盆踊りに大笑い

イザナギとイザナミの国生み神話で最初の大八嶋(おおや)のあとで生んだ6島のひとつとされる。縄文時代には黒曜石の産地として往来が盛んだったが、今も観音崎には黒曜石の断崖が見られる。お盆の3日間に行なわれる姫島の盆踊りは全国的に知られ、その「伝統踊り」のなかでも「キツネ踊り」は、かわいらしい化粧と愉快なしぐさで観客の笑いと喝采を浴びる。「創作踊り」もあり、飽きさせない。

島データ

大分県東国東郡姫島村
面積 約6.8k㎡　周囲 約14km　人口 約2000人（平成28年5月）　最高地点 267m（矢筈岳）
問い合わせ先
姫島村役場水産・観光商工課　☎0978-87-2279

アクセス方法

⚓ 伊美港からフェリーで約20分

姫島行きのフェリー姫島丸は、国東半島の北端にある伊美港から1日12便（冬季は11便）の運航。盆踊りの日は、祭りの終了に合わせて夜間臨時便が出る。伊美までは大分空港からバスで国東へ約30分、伊美へ行くバスに乗り換え約50分。島内は2人乗り電気自動車のレンタルが利用できるほか、巡回バスもある。

Column 5 日本の端の島

東西南北。海に浮かぶ国の境

日本は地続きの国境を持たない。そのため、隣国との境は東西南北すべて海に浮かぶ島となる。日本の端は択捉島、南鳥島、沖ノ鳥島、与那国島。面積や標高、気候や自然がまったく異なる4島だ。地図で日本列島からの距離を見ると、領海の広さにあらためて気づく。

北方領土最大の細長い島
択捉島（えとろふとう）

千島列島に属し、北方領土4島のひとつ。ロシアの支配下にあり、日本が長年領有権を主張。沖縄本島の面積の約3倍と広く、人口は7000人弱。

羅臼から望む北方領土。見えているのは国後島で、その先が択捉島

本土最北端 宗谷岬
日本最北端 択捉島 北緯45度33分
本土最東端 納沙布岬
本州最北端 大間崎
本州最東端 魹ヶ埼

太平洋に浮かぶ絶海の孤島
南鳥島（みなみとりしま）

小笠原諸島の東にある日本最東端。東京から1950kmも離れているが、行政上は東京都小笠原村。面積は約1.2km²と小さく、住民はいない。

三角形の島で一辺約2km、最高標高は9mと低い

本州最西端 毘沙ノ鼻
本土最西端 神崎鼻
本州最南端 潮岬
本土最南端 佐多岬
日本最西端 与那国島 東経122度56分
有人島最南端 波照間島
日本最東端 南鳥島 東経153度59分
日本最南端 沖ノ鳥島 北緯20度25分

空路と航路で行き来できる
与那国島（よなぐにじま）

八重山諸島の西端にあり、沖縄県に属する。面積約30km²、人口約1500人。観光業が盛んで、国境の島としては唯一、自由な上陸が可能。

険しい断崖や牧草地など起伏に富む島

日本唯一の熱帯気候の島
沖ノ鳥島（おきのとりしま）

小笠原諸島にある環状サンゴ礁で日本最南端に位置。約5.8km²の環礁内に東小島と北小島があり、満潮時には2島のみが海面上に現れる。

環礁を守るための護岸工事や観測施設がある

島に残る歴史風景

昔の賑わいが嘘のように朽ち果てた鉱山の跡、今も昔ながらの暮らしが続く家並。島には、本土のせわしないそれとは違う時間が流れているかのよう。

49 端島（軍艦島） 164
50 佐渡島 168
51 猿島 172
52 塩飽本島 174
53 壱岐 176
54 対馬 180
55 祝島 184
56 平戸島 186
57 竹富島 190
TOPIC アートの島　58 直島 194
59 犬島 195
60 佐久島 196
61 伊計島／宮城島／浜比嘉島／平安座島 197
Column 科学の島　62 種子島 198

昭和を閉じ込め廃墟と化した鉱山島

長崎

49 端島（軍艦島）
はしま（ぐんかんじま）

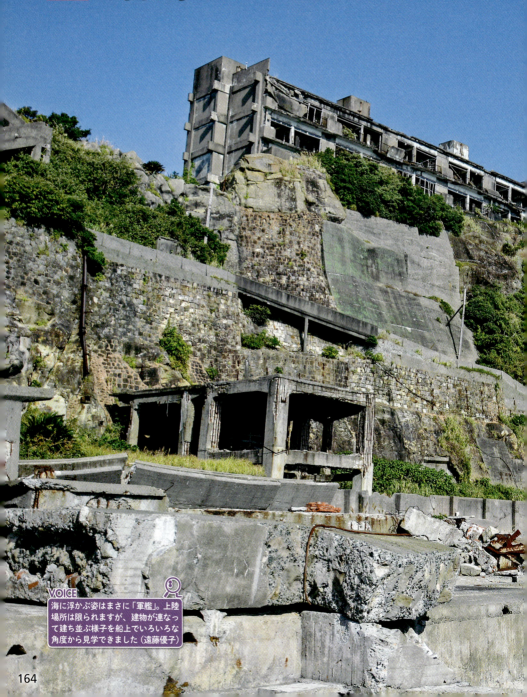

VOICE
海に浮かぶ姿はまさに「軍艦」。上陸場所は限られますが、建物が連なって建ち並ぶ様子を船上でいろいろな角度から見学できました（遠藤優子）

島に残る歴史風景 ● 端島(軍艦島)

Hashima

奥に建つ30号棟は日本最古かつ現存する鉄筋コンクリート造アパート。通称グラバーハウス

建物の風化と緑による浸食が少しずつ進む30号棟内

危険なため島内はほとんどが立ち入り禁止。南側の観光ルート内を見学する

海の神、金毘羅と炭鉱の神、大山祇の合祀といわれている端島神社神殿

島に残る歴史風景 ● 端島(軍艦島)

49 端島(軍艦島) 長崎

軍艦島の異名で知られる人工島
今は廃墟となった産業革命遺産

明治から昭和にかけて石炭の採掘で栄え、周囲約1.2kmの小島に最盛期は5300もの人々が居住。東京都心部の9倍といわれたほどの人口密度で、コンクリートの建築物がひしめく姿が長崎で建造中だった軍艦土佐に似ていると、大正の頃から軍艦島の呼び名がついた。

島は現在、荒廃が進み、倒壊の危険があることからツアー参加者が南側一角に上陸できるのみだが、日本最古の鉄筋コンクリート製高層アパートや学校はもちろん、映画館や神社、プールまであり、高給で知られた炭鉱の人々の豊かな暮らしの跡が残る。廃墟となった姿が印象的なため、多くの映画や小説、ゲームなどの舞台やモチーフにもなっている。

島データ
長崎県長崎市
面積 約0.06km² 周囲 約1.2km
人口 無人島 最高地点 48m
問い合わせ先
長崎市コールセンター「あじさいコール」☎095-822-8888

アクセス方法
⚓ 元船桟橋からクルーズで約45分
端島へは、上陸ツアーを催行しているツアー会社に予約を入れて航路で上陸する。波や風など一定の条件を満たさないと上陸できないため、必ず上陸できるわけではない。

 緑の鮮やかな春、夏がおすすめ 季節/時間

| 1 | 2 | 3 | 4 | 5 | 6 | 7 | 8 | 9 | 10 | 11 | 12 |

通年訪れることはできるが、3～9月の緑の育つ季節はとくに、建物の風化と植物が島を覆うさまが文明の盛衰と時の流れを感じさせ、いっそう迫力が増す。鳥たちの楽園となり、トンビが上空を自由に舞う姿に、廃墟ファンがうなずくのも納得。

--- Column ---
端島を舞台とした映画やMV

島まるごとが廃墟という独特の光景は、たびたび映画やテレビに登場している。近年では平成27年(2015)公開の映画『進撃の巨人』のメインロケ地になり、完成会見も端島で行なわれ話題となった。平成24年公開の映画『007 スカイフォール』では、現地ロケこそ安全性の問題で実現しなかったが、ジェームズ・ボンドの敵の隠れ家のモデルになり、世界に広くその名と姿が知られた。MV(ミュージックビデオ)ではB'zのものが有名。

長崎中部を周遊する モデルプラン

1日目 午前
「軍艦島」をめざし出航
ツアー会社の船で端島、通称「軍艦島」へ向かう。昭和の遺構を堪能しよう。

1日目 午後
ちゃんぽんやトルコライスなど長崎のご当地グルメを味わう
ランチはぜひご当地グルメを味わいたい。午後は大浦天主堂やグラバー園などの市内観光に繰り出そう。

2日目 午前
花の都・ハウステンボスへ鉄道で移動
JR長崎駅から「シーサイドライナー」でハウステンボスへ。車窓ののどかな風景も美しい。

2日目 午後
ハウステンボスでヨーロッパ気分に
中世オランダの街並が再現されたパーク内はアトラクションが充実。グルメや散策が楽しめる。

3日目 午前
海軍さんの街・佐世保を散策しよう
散策のおともに佐世保バーガーは外せない。

3日目 午後
陶器の街・波佐見に足を延ばす
波佐見町は佐世保から車で15分ほど。窯元やギャラリー巡りのあと、カフェでゆっくりしたい。

ひとこと情報 昭和30年代頃の端島炭鉱最盛期は島内に約5300人が暮らし、世界最高の人口密度ともいわれていた。

独特の文化や産物を持つ金山の島

新潟

50 佐渡島
さどがしま

Sadogashima

VOICE 佐渡金銀山関係の鉱山遺跡は、大規模で見応えがあります。こちらの浮遊選鉱場跡は「まるでラピュタのよう」と、最近は観光客にも人気のスポットです（ガシマ）

島に残る歴史風景 ● 佐渡島

絶景事典
photo by
ガシマ

金脈を掘り進めたことでできた道遊の割戸（どうゆうのわれと）

特別天然記念物のトキ。野生定着に向けた取り組みが続いている

島の西部に位置し、夕日の美しさで名高い七浦海岸にある夫婦岩

子どもの病気平癒の願いが叶ったお礼に安置された梨の木峠の地蔵

奈良時代に建立された佐渡国分寺の跡地。現在は礎石の一部が残るのみ

50 佐渡島 新潟

島に残る歴史風景 ● 佐渡島

金山とトキで知られる巨大な島
往時の繁栄ぶりを産業遺産に見る

東京23区の1.5倍の面積を持ち、離島とされる島のなかでは最大。8世紀より遠流(島流し)の地とされ、配流された順徳天皇や世阿弥らによって中央の上流文化が島にもたらされた。江戸時代に北前船の寄港地となって町人文化も流入し、それらが融合して島に独自の郷土芸能が育まれた。

17世紀初頭に日本最大の金鉱脈が発掘されると、佐渡は金山の島として全国に知れ渡る。往時の様子を再現した史跡・佐渡金山は、今では人気の観光地となっている。国仲平野の田園地帯では、放鳥されたトキが時折優雅な姿を見せる。飼育中のトキが見られるトキの森公園、古い街並の宿根木集落、景勝・七浦海岸など見どころは多い。

島データ

新潟県佐渡市
- 面積 約860km² 周囲 約260km
- 人口 約5万8000人(平成28年6月)
- 最高地点 1172m(金北山)
- 問い合わせ先
  - 佐渡観光協会(両津港案内所) ☎0259-27-5000
  - 佐渡観光協会(相川案内所) ☎0259-74-2220

お楽しみポイント

おけさ柿

種がなく食べやすいのが特徴。渋柿だが、店頭に並ぶのは渋抜きをした柿で、甘く濃厚な味わいだ。名前は民謡「佐渡おけさ」に由来。

— Column —
佐渡の伝統芸能に親しむ

金山の選鉱場で唄われた『佐渡おけさ』をはじめ、伝統芸能の鬼太鼓(おんでこ)や人形芝居、能楽などさまざまな郷土芸能に出会える。4～10月にかけて島内の各地で開かれる薪能や、各地区の鬼太鼓が見られる毎年5月に行なわれる「佐渡國鬼太鼓どっとこむ」など、祭りなどの日程に合わせて、プランを組むのも楽しい。

アクセス方法

⚓ 新潟港からジェットフォイルで約1時間～2時間30分

短時間で島に渡るなら約1時間で到着するジェットフォイルがおすすめ。船体を海面に浮上させるので、揺れも少ない。マイカーで島内を巡りたいならカーフェリーの利用を。ジェットフォイルに比べ低料金で、欠航も少ない。約2時間30分で到着。

🍀 春から夏は高山植物が見ごろ　季節/時間

| 1 | 2 | 3 | 4 | 5 | 6 | 7 | 8 | 9 | 10 | 11 | 12 |

島の北部にある奇岩・大野亀で咲くトビシマカンゾウの壮大な大群落は緑と黄色のコントラストが美しい。「花の百名山」にも挙げられるドンデン山では、多くの高山植物が見られる。

- 雪割草 3月下旬～4月中旬
- カタクリ 4月下旬～5月中旬
- サンカヨウ 5～6月
- トビシマカンゾウ 5月下旬～6月中旬

✏ 佐渡の歴史と文化に触れる　モデルプラン

1日目 午前 新潟港から船で両津港へ
ジェットフォイルまたはカーフェリーで島に到着。

1日目 午後 400年の歴史を持つ佐渡金山に向かう
坑道探検や産業遺産巡りなど多様なコースがそろい、繁栄に貢献した先人たちの営みが垣間見える。天気が良い日には、七浦海岸の夕日を見に行くのもおすすめ。

2日目 午前 自然を楽しみ、佐渡最古の金山跡に立ち寄る
景色の良い大佐渡スカイラインを通って島の南部へ。西三川ゴールドパークでは砂金採りの体験もできる。

2日目 午後 佐渡の文化が薫るレトロな港町
金の積出港で発展した小木半島には、古き良き街並が残る。佐渡伝統のたらい舟にも挑戦したい。

3日目 午前 特別天然記念物・トキが間近で見られる
トキの森公園は、トキの保護や繁殖を行なっている施設。資料館ではトキの生態や保護活動のことなどが学べる。窓越しに採餌するトキの姿が見られることも。

3日目 午後 両津港に接続するシータウン商店街でおみやげ選び
佐渡の名産品を購入し、新潟港行きの船に乗船。

⚠ ひとこと情報　レンタカーは両津港周辺に営業所がある。観光バスや観光タクシーも充実しているので、プランに合わせて利用したい。

東京湾の無人島にレンガ積みの要塞跡

神奈川

51 猿島
さるしま

要塞内にはいくつものトンネルがあり、明暗のコントラストが幻想的な雰囲気を盛り上げる

軍用基地としての長い歴史を持つ
森を散策して戦争の遺構を探す

　東京湾に残された唯一の自然島。13世紀、鎌倉へ向かう途上に、海上で嵐に遭った日蓮上人が、一匹の白猿に導かれてこの島にたどり着いたとの伝説が残る。幕末に台場が築かれてから戦後を迎えるまで、島は軍事要塞として利用された。明治中期の赤レンガ積みの弾薬庫や兵舎、多くの砲台跡などの戦争遺跡が、深い森の中に点在する。全島が国有地の無人島で、長い間、一般の立ち入りが禁止されていた。今では、海水浴場や公園が整備され、バーベキューや磯釣りも楽しめる。

島データ
神奈川県横須賀市
- 面積　約0.05㎢
- 周囲　約1.6km
- 人口　無人島
- 最高地点　約40m
- 問い合わせ先
  横須賀市環境政策部公園管理課　☎046-822-9561

アクセス方法
⚓ **三笠桟橋**から**フェリー**で**約10分**

神奈川県横須賀市の三笠桟橋からフェリーが出ている。猿島までの所要時間は約10分。三笠発も猿島発も夏季は1日9便、冬季（土・日曜、祝日のみ）は1日7便、1時間ごとに1便運航しており、出航時刻前に定員となった場合は、臨時便が出る。三笠桟橋への最寄り駅はJR横須賀駅、京浜急行・横須賀中央駅、汐入駅の3駅。どの駅からも徒歩10〜20分。

島に残る歴史風景 ● 猿島

夏が賑やか。BBQも楽しめる　季節／時間

1	2	3	4	5	6	7	8	9	10	11	12

一年を通して観光できるが、おすすめは春〜夏。春から初夏にかけては緑が色づき、要塞に落ちる木洩れ日が美しい。夏を迎えるとBBQや釣りなどを楽しむ人、レジャー感覚で訪れる人も多くなる。景色を楽しむなら空気の澄んだ冬も良い。
海水浴　7月中旬〜8月末

お楽しみポイント

猿島わかめ

猿島周辺の海で養殖されるワカメは、普通のワカメに比べて厚みがあり、香りと旨みが口の中で広がる。島周辺のお店では、うどんに練り込んだり、おにぎりをワカメで巻いたり、といったワカメグルメを堪能できる。

猿島と横須賀を満喫する1日　モデルプラン

1日目

午前　「YOKOSUKA軍港めぐり」クルーズを楽しむ
午前中は、横須賀ならではの観光船「YOKOSUKA軍港めぐり」に乗船しよう。汐入ターミナル発着で所要時間は約45分。海上から見る艦船は迫力満点だ。

午後　午後は、猿島探検と記念艦「三笠」見学
小さな島なので、ゆったりめに散策しても所要1時間ほどでひとまわりできる。島から戻ったら三笠公園に保存されている記念艦「三笠」を見学しよう。見学し終われば、ちょうど日が沈む頃だ。

ひとこと情報　猿島へは介助犬や盲導犬を除いて、ペットの連れ込みは禁止。ほかにバーベキューで使う火器類は現地のレンタルを使用。

古い街並が残る塩飽水軍の本拠地

香川

52 塩飽本島
しわくほんじま

シーボルトも絶賛した港町の街並は重要伝統的建造物群保存地区に選定

　瀬戸大橋のすぐ西に位置し、戦国時代に塩飽水軍が活躍した塩飽諸島は大小28の島々からなるが、その中心がこの島。豊臣秀吉から人名(にんみょう)という身分を与えられ、自治が認められた珍しい領土で、江戸時代には人名の代表である4人の年寄が今も残る塩飽勤番所で政務を行ない、幕末まで続いた。この勤番所には信長や秀吉、家康の朱印状も展示されている。笠島(かさしま)の集落には江戸期から明治時代の建物が数多く残り、それらが形成する美しい街並は塩飽大工の技量の高さを物語っている。

島データ

香川県丸亀市
- **面積** 約6.8km²　**周囲** 16.4km　**人口** 約380人（平成28年5月）　**最高地点** 約204m（小阪山）
- **問い合わせ先** 塩飽本島観光案内所　☎0877-27-3088
（2016年6月～11月6日 ※瀬戸内国際芸術祭終了まで）

アクセス方法

- 児島観光港から高速船で約30分
- 丸亀港から高速船、フェリーで約20～35分

岡山県の児島観光港からアクセスする場合、六口丸海運から1日4便(瀬戸内国際芸術祭の開催時は6便)高速船が運航している。香川県の丸亀港からアクセスする場合、本島汽船から1日4便ずつフェリーと高速船が運航している。

島に残る歴史風景　●塩飽本島

戦国時代、塩飽水軍が名を馳せたノスタルジックな島内の風景

🍀 滞在中は動きやすい服装で　季節／時間

| 1 | 2 | 3 | 4 | 5 | 6 | 7 | 8 | 9 | 10 | 11 | 12 |

海水浴客で賑わう夏がハイシーズンで、冬には休業する宿や飲食店もある。平成22年(2010)から3年に一度開催している、瀬戸内国際芸術祭の期間中は、瀬戸内の島々がアート一色に染まり、多くの観光客が訪れる。

📝 潮風を感じながら街歩き　モデルプラン

1日目　午前　午前の便で岡山児島観光港から本島港へ向かう
到着後、宿泊先にチェックイン。昼食を済ませておく。

1日目　午後　レンタサイクルで文化遺産や瀬戸内の景色を楽しむ
塩飽勤番所跡、長徳寺、笠島集落など島内の見どころを巡る。行く先々から瀬戸内の美しい眺望も楽しめる。

2日目　午前　瀬戸大橋を一望できる泊海水浴場で海遊び
環境省が選ぶ快水浴場百選でも有名な海水浴場へ。瀬戸大橋を一望できる絶景スポットとしても人気。

2日目　午後　コミュニティバスで島内の見どころを訪ねる
1日5便運行しているコミュニティバスに乗り、島の風景を楽しみながら、途中下車してみるのもよい。

Column
瀬戸内の覇者・塩飽水軍

備讃海峡の要衝を本拠とし、瀬戸内の速い潮の流れに鍛えられた塩飽水軍。源平の合戦や足利尊氏が九州から反撃する際にも協力したといわれ、時の支配者は変われど、長きに渡り瀬戸内の海の覇者であり続けた。戦国を終わりへ導いた陸の覇者、織田信長、豊臣秀吉もこれに敵対することは選ばず、船方衆650人に塩飽諸島を領地として安堵することで協力を得た。江戸時代になったのちも、誰の支配も受けず、税も払わない自治国として存続した。

かつては塩飽地区を治めていた役所である塩飽勤番所跡。歴史資料も多く残る

 ひとこと情報　島内には築100年以上の古民家を利用した民宿が6軒あり、食事では地元で獲れた魚料理が味わえる。

53 壱岐(いき)

豊かな自然に包まれた古代王国へ　長崎

島に残る歴史風景 ● 壱岐

『魏志倭人伝』に登場する一支国の往時の姿を再現した原の辻一支国王都復元公園

見どころ紹介
Place to visit

数々の歴史を塗り替える貴重な発見があった場所。入場無料

弥生時代の一支国を体感
原の辻一支国王都復元公園
はるのつじいきこくおうとふくげんこうえん

国の特別史跡である原の辻遺跡の調査が終わった部分を整備した公園。中心域では一支国の王都として栄えた弥生時代後期の姿を復元している。

🚗 郷ノ浦港から車で20分

隣接する原の辻ガイダンスでは、土器など出土品を展示する

資料に触れる展示演出も
一支国博物館
いきこくはくぶつかん

島内から出土した弥生・古墳時代の遺物を中心に展示。東アジア全体の歴史を通して壱岐の通史を解説する。世界的建築家・黒川紀章がデザインを手がけた建物にも注目を。

🚗 郷ノ浦港から車で20分

復元した古代船や模型を用いて当時の様子をわかりやすく紹介

時間帯によって表情も変わる
猿岩
さるいわ

島の西部・黒崎半島の先端にある、高さ45mの玄武岩。その名のとおりそっぽを向いた猿にそっくり。展望所の近くには黒崎砲台跡がある。

🚗 郷ノ浦港から車で20分

壱岐島誕生の神話に出てくる8本の柱のうちのひとつ

迫る断崖絶壁に興奮
辰ノ島遊覧船
たつのしまゆうらんせん

壱岐の北西約2kmに位置する無人島・辰ノ島を周遊する。見どころはエメラルドグリーンの海と玄界灘の荒波がつくり上げた奇岩・断崖の数々で、圧倒的な自然美が堪能できる。

🚗 郷ノ浦港から車で20分

3/20〜10/30の間は1日6便運航。島に上陸できるプランもあり

かわいいイルカを間近で観察
壱岐イルカパーク
いきイルカパーク

入り江を利用して造られた海浜公園で、バンドウイルカが飼育されている。1日3回実施される「ごはんタイム」では、トレーニングの様子が見学できる。

🚗 郷ノ浦港から車で30分

ごはんタイムは10時〜、13時〜、16時〜に開催

日本の快水浴場百選や日本の渚百選にも選ばれている

壱岐を代表するビーチ
筒城浜海水浴場
つつきはまかいすいよくじょう

約600m続く白浜は遠浅で波も穏やかなので、夏には数多くの海水浴客が訪れ、賑わいをみせる。キャンプ場やスポーツ施設を擁する筒城浜ふれあい広場が隣接する。

🚗 郷ノ浦港から車で20分

53 壱岐(いき) 長崎

島に残る歴史風景 ● 壱岐

九州と対馬の中間、玄界灘に浮かび古来栄えた文化の中継地

　行政区分としては長崎県だが地理的には佐賀に近く、呼子(よぶこ)の沖26kmほどの位置にある。九州本土と対馬の間に位置し、その先には大陸があるため古くから中国と九州を行き来する船の中継地であった。幡鉾川(はたほこがわ)の下流にある原の辻遺跡は『魏志倭人伝』に記載のある「一大國(一支國)」の都だといわれており、国の特別史跡に指定され、1670点に及ぶ出土品が重要文化財となっている。一方、『日本書紀』に敵襲を知らせるための烽を置くと記されたり、2度の元寇の襲来を受けたりと地理的要因による苦難の歴史を経てきた土地でもある。

　現在では美しいビーチや温泉、ウニ丼をはじめ豊かな海の幸を目当てに訪れる旅行者の多い、平和な島だ。

島データ
- 長崎県壱岐市
- 面積 約130km² 周囲 約170km
- 人口 約2万8000人(平成28年4月、属島を含む)
- 最高地点 213m(岳ノ辻)
- 問い合わせ先 壱岐市観光連盟 ☎0920-47-3700

夏はウニと海を満喫できる 季節/時間

1	2	3	4	5	6	7	8	9	10	11	12

海水浴が楽しめる夏がハイシーズンだが、遺跡や景勝地の観光がメインならば気候の良い秋がおすすめ。冬は玄界灘が荒れ船便が欠航になることも稀にあるが、この時季ならではの海の幸が楽しめ、温泉も満喫できる。

- 山桜 3月下旬〜4月上旬
- ウニ 4月中旬〜9月
- 寒ブリ 12〜1月

お楽しみポイント

ウニ丼
壱岐のいちばんの名物ウニを、ご飯に贅沢にのせる。とくに、初夏から旬を迎えるアカウニは、濃厚な味わいで、九州外ではなかなか食べられない珍品。

壱岐牛
牛の飼育で長い歴史を持つ壱岐で育ったブランド牛。潮風が牛のストレスを和らげ、牧草にも適度な塩分を与えるという。霜降りのやわらかな肉質は全国的にも評価が高い。

アクセス方法

⚓ **博多港**から**ジェットフォイル**で約1時間10分
✈ **長崎空港**から**飛行機**で約30分

博多港からの九州郵船のジェットフォイルは1日4便で、夏場や祝日は増便。フェリーも出ており、車を持ち込むならこちら。所要2時間10〜20分。ジェットフォイル、フェリーとも、郷ノ浦港、芦辺港のどちらかにしか停泊せず、それぞれ離れているので、便に合わせて宿泊先やレンタカーを手配したい。ほかに唐津東港から印通寺港行きのフェリーがあり、所要1時間40分。空路は長崎空港からORC(ANAと共同運航)が1日2便の運航。

歴史スポットと壱岐の自然美 モデルプラン

1日目 午前 | 壱岐に着いたらレンタカーで出発
博多港からジェットフォイルで郷ノ浦港へ到着。手配しておいたレンタカーで出発。

1日目 午後 | 壱岐の海を満喫、古代遺跡や博物館へ
名物のウニ丼や壱岐牛で昼食を取ったら、筒城浜できれいな海を眺めてのんびり。続いて原の辻遺跡や一支国博物館を訪ね、壱岐の古代に思いを馳せる。

2日目 午前 | 壱岐の人情や自然とふれあう
島の北端にある勝本港の朝市へ。そのあとは近くのイルカパークでイルカのごはんタイムを狙おう。猿岩や辰ノ島遊覧船からの断崖などで、自然美を満喫。

2日目 午後 | ジェットフォイルで島を離れる
船の時間に合わせて郷ノ浦港へ。港周辺のお店でおみやげを買ったら乗船。博多港へ。

Column
春一番の本当の意味は?

春先に吹く強い南風を指す「春一番」という言葉。春の訪れを告げる明るい意味で使われるが、もとは壱岐の漁師言葉で、春の強風の恐ろしさを表していた。安政6年(1859)の春、大量の遭難者を出す転覆事故があり、これをきっかけに全国的に広まったという。郷ノ浦港近くの元居公園に春一番の塔が立つ。

ひとこと情報　宿泊施設は郷ノ浦・芦辺の両港や空港の周辺に多い。島の西部にある湯ノ本温泉の宿もおすすめ。

国境の島は数多くの神話に満ちている

長崎

54 対馬(つしま)

島に残る歴史風景 ● 対馬

和多都美神社の海中に立つ鳥居。潮の干満によって様相を変える

見どころ紹介
Place to visit

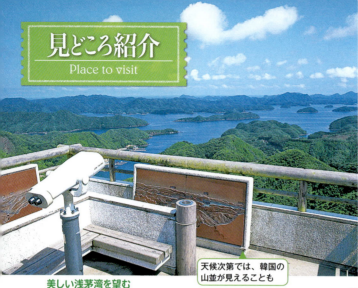

天候次第では、韓国の山並が見えることも

日本では対馬のみに生息する
対馬野生生物保護センター
つしまやせいせいぶつほごセンター

絶滅危惧種、ツシマヤマネコが一般公開されている（体調により見学不可のこともある）。生態などを解説する展示もある。
🚗 対馬空港から車で1時間30分

推定生息数は100頭ほど。普通のネコとほぼ同じ大きさ

美しい浅茅湾を望む
烏帽子岳展望所
えぼしだけてんぼうじょ

島の中ほど、半島にそびえる烏帽子岳は、山頂近くまで道路が整備されている。リアス式海岸の壮大な景観が360度広がる。
🚗 対馬空港から車で40分

海中に立つ鳥居の先にある
和多都美神社
わたつみじんじゃ

海幸山幸の神話に登場する彦火々出見尊と豊玉姫を祀る。海の水位が高いときは社殿近くまで海面が上がり、古くから龍宮伝説が残るということも納得。
🚗 対馬空港から車で35分

干潮時と満潮時の違いを比べてみるのもおもしろい

国境の島であることを実感
韓国展望台
かんこくてんぼうだい

対馬の北端に置かれた展望台。条件が良ければ、釜山市の建物まで見える。建物は韓国の古代建築をモチーフとしている。
🚗 対馬空港から車で2時間

対馬の中心だった場所
金石城
かねいしじょう

厳原町に残る、17世紀後半に整備された対馬藩藩主宗家の城館跡。復元された2階建ての櫓門や庭園のほか、各地に石垣が残っている。
🚶 厳原港から徒歩15分

模型をもとに平成2年（1990）に復元された

明治期対馬を代表する要塞
姫神山砲台跡
ひめかみやまほうだいあと

明治33年（1900）、姫神山山頂に日露戦争に備えて造られた、イギリス風の要塞。近年、登山道が整備され、行きやすくなった。
🚗 対馬空港から車で15分

大砲の弾丸や火薬を貯蔵していたレンガ造りの倉庫

宗家代々の菩提寺
万松院
ばんしょういん

元和元年（1615）に、宗家20代の義成が父の菩提を弔うために建立した。石段を上った先には大規模な墓所がある。
🚶 厳原港から徒歩15分

山門は安土桃山時代のもので対馬最古の建築

島に残る歴史風景 ● 対馬

54 対馬(つしま) 長崎

朝鮮半島まで約50km
固有の動植物も多い国境の島

対馬から朝鮮半島までの直線距離は約50km。釜山が肉眼で見えるほど近い。そのため古代から中国大陸や朝鮮半島と日本との交通の中継地として重要な役割を担い、さらには防人(さきもり)の時代から現在の自衛隊まで、国防の最前線であり続けている。

外国との往来盛んな国境の島だけにこの地に暮らす動植物も特有で、対馬の固有種、日本本土系種、大陸系種と多様。よく知られているツシマヤマネコは、大陸系ベンガルヤマネコの亜種であるアムールヤマネコの変種だ。ほかにもツシマテンやツシマサンショウウオ、オウゴンオニユリなど、ここでしか見られない希少な動植物が多数、生息している。

島データ
- 長崎県対馬市
- 面積 約700km² 周囲 約830km
- 人口 約3万2000人（平成28年5月、属島を含む）
- 最高地点 649m（矢立山）
- 問い合わせ先 対馬観光物産協会 ☎0920-52-1566

アクセス方法
- 博多港から ジェットフォイルで約2時間20分
- 福岡空港から 飛行機で約30分

福岡空港からも飛行機で行ける。ANAが1日4便運航。長崎空港からはORC(ANAと共同運航)が1日4～5便運航。九州郵船の壱岐経由ジェットフォイルは1日2便で南部の厳原港に着く。同じく壱岐を経由するフェリーは所要4時間40分。壱岐を経由せず北部の比田勝港へ着くフェリーもある。1日1便、所要5時間50分。島は南北に長く、空港から北端の韓国展望台まで車でも2時間かかるため、レンタカーなどを利用したい。釜山からの国際航路でも厳原港、比田勝港へ入ることができる。

Column
対馬の民の生きる知恵「石屋根」

対馬南部の西海岸、とくに椎根で見られる、平たい石の屋根が葺かれた倉庫。冬の強い風に飛ばされないように、また火事を防ぐために、また瓦の使用が禁じられていたために、石屋根にしたという。中には食料や衣服などが収められている。

 冬は冷え込むが空気は澄む 季節／時間

| 1 | 2 | 3 | 4 | 5 | 6 | 7 | 8 | 9 | 10 | 11 | 12 |

海遊びを楽しむなら夏だが、空気が澄み素晴らしい眺望が見られ、海の幸がおいしくなる秋から冬がおすすめ。夏は台風が到来し、冬は雪は少ないものの寒さは厳しい。島南部の豆酘(つつ)では冬季にミカン狩りを体験できる。

- 豆酘のミカン狩り 11月中旬～12月中旬
- 寒サバ 10～2月

お楽しみポイント

せんそば
サツマイモからデンプンを取り出して作る「せん」は、対馬に伝わる保存食で、団子や麺にして食べる。歯ごたえのある黒い麺は独特。

対馬とんちゃん
対馬北部のご当地グルメ。醤油や味噌をベースにしたタレに漬けた豚肉を、野菜と一緒に焼く。韓国の焼肉がルーツの、国境ならではの味。

多彩な歴史スポットを巡る モデルプラン

1日目

午前 **空路で対馬に上陸**
福岡空港から対馬空港へ。空港でレンタカーを借りる。

午後 **美しい自然に潜む歴史に気づく**
烏帽子岳で美しい海岸風景を堪能して、ほど近い和多都美神社に向かう。参拝を済ませたら、姫神山へ行き、砲台跡へトレッキング。浅茅湾一帯にはほかにも万関橋など景勝地が多数ある。

2日目

午前 **北端の展望所で韓国を見る**
島の北端へドライブ。韓国展望台の見晴らしを楽しんだら、野生生物保護センターでツシマヤマネコと対面。

午後 **時間が許す限り、街なかで歴史散策**
厳原市街へ戻り、万松院をはじめ歴史を感じるスポットを散策。帰りの便に合わせて空港へ向かう。

ひとこと情報 宿泊地は厳原港近くに多い。ホテルは空港近くにあり、小さな民宿などは島内各所に点在している。

55 祝島
いわいしま
ハート形の島で石塀の路地を散策 山口

島の人々の昔ながらの知恵が詰まった、石積みの練塀

古くは航海の平安を祈った島には練塀という独特な防風壁が見られる

　周防灘の東端に位置し、古くから行き交う船の航行安全を守る「神の島」として知られ、『万葉集』にも詠われている。気候は温暖だが冬の季節風が強いため、"石積みの練塀"という珍しい光景が島のいたるところで見られる。これは石と土を交互に積み上げて、表面を漆喰で塗り固めたもので、厚さは50cmにもなり、強風や火災から家を守っている。島の南端近くには「平さんの棚田」がある。急な斜面に30年の歳月を費やして造り上げた、3段の城壁のような棚田で、見る者を圧倒する。

島データ

山口県上関町
面積 約7.67km²　周囲 約12km
人口 約410人(平成28年5月)　最高地点 357.4m
問い合わせ先
祝島観光案内所　☎090-1332-4897

アクセス方法
⚓ 柳井港から定期船で約1時間10分
⚓ 室津から定期船で約40分

鉄道利用の場合は、柳井港駅前の港から定期便を利用。1日2便。車の場合は、柳井駅から車で約30分の室津まで移動し、1日3便出ている定期便でのアクセスが便利。四国方面からは、三津浜港からフェリーで柳井港へアクセス。

島に残る歴史風景 ● 祝島

島の産業を担う漁船が、あちらこちらに停泊している

昔ながらの雰囲気が漂う街並で、非日常的な散策が楽しめる

年間を通して温暖な気候　季節／時間

| 1 | 2 | 3 | 4 | 5 | 6 | 7 | 8 | 9 | 10 | 11 | 12 |

特産のビワは6月が収穫時期、キウイに似たコッコーは11月後半〜1月に熟す。岩礁が多い海岸は、真鯛など高級魚の宝庫としても有名。夏のタコが干された光景もおもしろい。

時間を忘れて街に溶け込む　モデルプラン

1日目 午前
柳井港か午前発の定期船で祝島へ
到着後、宿泊先のチェックインを済ませ島内散策へ。島特有の石積みの練塀を見ながら集落をひと巡り。石垣や細い路地を歩き、島猫と戯れて時間を過ごそう。

1日目 午後
空と海と棚田が織りなす風景と、湾の夕景を楽しむ
親子3代で造ったという巨大な石垣の棚田「平さんの棚田」は必見。集落に戻ったら、レンタサイクルで三浦湾まで潮風を受けながら片道30分ほどのサイクリング。瀬戸内海に沈む夕日を眺めたい。

2日目 午前
出発までは東の浜でのんびり過ごす
東の浜は気持ちのいい小石の浜。シーグラスを拾ったり海を眺めたり、夏は海水浴を楽しむのもおすすめ。

Column
海上のスペクタクル。4年に一度の神舞神事

4年に一度、大分県国東半島にある伊美別宮社から御神体を招き、大祭が行なわれる。神様を乗せた御座船と、大漁旗を掲げたたくさんの奉迎船や櫂伝馬船が、海上を行き交うさまは壮観。神様を迎えたのち、島では神楽が連日行なわれる。平成28年(2016)8月に開かれ、その次は2020年となる。

！ひとこと情報　集落の中に溶け込むように旅館と民宿が3軒営業しており、家庭的な雰囲気で滞在できる。

日本と異国の文化が共存する街並

長崎

56 平戸島
ひらどじま

Hiradojima

島に残る歴史風景 ● 平戸島

寺院と教会が並び建つ平戸らしい風景。教会は平戸ザビエル記念教会

享保3年(1718)に築城された平戸藩松浦氏の拠点。現在の城郭は昭和中頃に復元されたもの

パステルグリーンの外壁が愛らしい平戸ザビエル記念教会

島内には棚田が点在し、海とグリーンのコントラストが美しい

オランダ橋の異名を持つ幸橋。城と城下町をつなぐアーチが見事

島に残る歴史風景 ● 平戸島

56 平戸島（ひらどじま） 長崎

**南蛮貿易で開かれ城下町として繁栄
人の手と文化が育む景観の美しい島**

遣隋使、元寇の時代から海上交通の要所であったが、歴史上、とくに平戸が重要な意味を持つのは戦国期から安土桃山の頃から。ポルトガルやオランダ、スペイン、イギリスなどヨーロッパの船がつぎつぎ来着したことで、キリスト教の布教と南蛮貿易の舞台となった。貿易港が出島に限定されて以降は平戸藩の城下町として栄え、今も商館の跡地や教会群、松浦家の居城が残るなど、往時の面影を宿している。

それからもうひとつ、平戸には必見の景色がある。カクレキリシタンが拓いたとされる春日集落の棚田だ。山から海に至る急な斜面に手入れの行き届いた美しい田が続く眺めは、約400年もの間、姿を変えていないという。

島データ

長崎県平戸市
面積 約160km² 周囲 約200km
人口 約1万8000人（平成28年5月）
最高地点 534m（安満岳）
問い合わせ先 平戸観光協会 ☎0950-23-8600
平戸市役所 ☎0950-22-4111

Column
今も静かに続くカクレキリシタン信仰

「カクレキリシタン」とはキリスト教弾圧が終わったのちも、カトリック教会には依らず潜伏時の方法で信仰を続ける人々のこと。長い潜伏の間に独自の宗教に変わってしまった、解禁当時の迫害を恐れた、などその誕生にはさまざまな理由が推測されている。平戸島と同じ平戸市の生月島は、最も多くの信仰組織が残る地で、独自の信仰行事が現在も行なわれている。

お楽しみポイント

トビウオ（アゴ）
だしのおいしさで知られるトビウオは「アゴ」とも呼ばれる島の代表的な魚。平戸で獲れるのは細トビウオと筑紫トビウオの2種類で新鮮なものは刺身でもおいしい。

アクセス方法
- 長崎空港から車で約1時間40分
- 佐世保駅から電車で約1時間20分

長崎空港近くの大村ICから長崎自動車道に入り、西九州自動車道を通って、佐々ICから県道227号・国道204号を通って平戸大橋へ。電車なら佐世保駅から松浦鉄道で平戸島対岸にある、たびら平戸口駅へ。路線バスなら佐世保駅前から平戸口桟橋まで行ける。島内はバスが走っているが、便数・路線ともに使いづらいので平戸市街地以外も観光するならレンタカーがおすすめ。

季節の特産物を楽しみに　季節／時間

1	2	3	4	5	6	7	8	9	10	11	12

旅行時期はいつ訪れてもよいが、春は黄砂に注意したい。棚田の青々とした景色を見るなら5〜6月、マリンアクティビティが目的なら夏がおすすめ。秋のトビウオ、冬のヒラメと、四季を通じて旬の魚もさまざま。海鮮好きならチェックして訪れたい。

- 平戸ひらめまつり 1月中旬〜3月
- トビウオ 9〜10月

島巡りはレンタカー必須　モデルプラン

1日目
- 午前：車窓から静かな大村湾を眺めつつ移動
  飛行機で長崎空港に到着。大村駅から、海沿いの車窓が人気のJR大村線で佐世保駅まで移動。
- 午後：佐世保名物を堪能しながら平戸へ到着
  お昼に佐世保バーガーを食べて、レンタカーで移動。九十九島などに立ち寄りつつ、平戸島の民宿へ。

2日目
- 午前：漁船で海に出たあとは、生月島を観光
  早朝から漁師体験。体験のあとは新鮮な魚の朝食を。車で生月島に渡り、山田教会や大バエ灯台などを巡る。
- 午後：教会をめざして島をぐるりと一周
  生月島で鯨料理を堪能したら、いよいよ平戸島巡り。春日の棚田や宝亀教会、平戸ザビエル記念教会、紐差教会などをまわって、カクレキリシタンの里らしい風情を楽しむ。

3日目
- 午前：島を出て、佐賀と長崎の陶器工房を見て歩き
  島を出発して、有田、波佐見、伊万里など焼物の名産地をぶらぶら訪ねつつ掘り出し物探し。
- 午後：温泉に入ってリラックス。平戸名物は空港でも入手可
  嬉野温泉に立ち寄り、日帰り湯とランチを楽しんだら長崎空港へ。おみやげにトビウオの練り物も忘れずに。

ひとこと情報　民宿、旅館、ホテルなどはほとんど島北部の市街地に集中。夕食は新鮮な海鮮料理が期待できる。キャンプ場もある。

ブーゲンビリアと赤瓦。沖縄の原風景を見る

沖縄

57 竹富島
たけとみじま

Taketomijima

赤瓦の民家と白砂の道が続く、昔ながらの沖縄らしい風景

島に残る歴史風景 ● 竹富島

VOICE
水牛車に乗り『安里屋ユンタ』を聞きながらゆったり…。ウチナータイムを大満喫!(つじ)

なごみの塔から一望できるのは、伝統的な趣を残す静かな街並

竹富島の玄関口、竹富東港ではレンタサイクル店の送迎車が駐車場に待機

水牛車に揺られながら、ゆったりと島内観光が楽しめる

夕日の名所として知られる西桟橋。竹富島の西岸に位置する

島に残る歴史風景 ● 竹富島

57 竹富島(たけとみじま) 沖縄

まるごと国立公園の島で八重山文化の真髄を体感

島全体が西表石垣国立公園(いりおもていしがき)に指定されており、明るく透明な海と白砂、星砂のビーチが美しい。海は遠浅でサンゴ礁に守られているため波は穏やか。のんびりと海水浴を楽しむのに最高の環境だ。

だが、この島最大の魅力は村の景観にある。集落にはシーサーを載せた赤い瓦屋根とサンゴ岩を積んだ石垣が特徴的な家が建ち並び、家々をつなぐ白砂の道はいつも掃き清められている。垣根の周囲には鮮やかな色をたたえる南国の花々と濃い緑が配されて、じつに沖縄らしく可憐な眺めだ。

この伝統的建造物群保存地区の散策におすすめなのが水牛車。ガイドによる民謡『安里屋ユンタ』と三線(さんしん)を聴きつつのんびりとまわる。

島データ
沖縄県八重山郡竹富町
- 面積 約5.4㎢　周囲 約9.2km
- 人口 360人(平成27年1月)　最高地点 24m
- 問い合わせ先
- 竹富町観光協会 ☎0980-82-5445

アクセス方法
⚓ **石垣島離島ターミナル**から**高速船**で**約10分**

石垣島離島ターミナルから竹富東港へは高速船が1日27便あり、カーフェリーも週に2回運航する。高速船は料金が往復1150円、所要約10分。カーフェリーは片道440円、所要約20分。

🍀 気温が高いので体調に注意　季節/時間

1	2	3	4	5	6	7	8	9	10	11	12

沖縄本島やほかの八重山諸島の島に比べ、年間を通して平均気温が1℃ほど高い。とくに夏は熱中症に注意したい。5月～6月下旬は梅雨、7～9月は台風の襲来が増え、10月にも雨が多く降る。海水浴は4～10月まで楽しめる。

種子取祭(たねどぅい) 旧暦の9月頃

お楽しみポイント

レンタサイクル
竹富島は島内を、自転車でのんびりまわるのがおすすめ。料金は1時間300円～。

水牛車
およそ30分ほどの所要時間で、ガイドさんに案内されながら島内の観光スポットを巡る。料金は1200円、子供600円。予約なしで乗ることができるのもうれしい。

📝 風情あふれる街並を歩く　モデルプラン

1日目
- 午前 **八重山諸島の玄関口、石垣島へ**
  飛行機で新石垣空港に到着。
- 午後 **石垣島の魅力を存分に堪能する**
  観光スポット巡りや半日ツアーでのシュノーケリング、トレッキングなどを楽しむ。石垣島に宿泊。

2日目
- 午前 **竹富島の景観を水牛車や展望台から眺める**
  石垣島離島ターミナルからフェリーで竹富島へ移動。まずは竹富島ゆがふ館で島の情報を収集してから、水牛車に乗って島内を観光。なごみの塔に上って、島の景色を一望する。
- 午後 **島の伝統文化を学び、島内をぶらぶら散歩**
  昼食のあとは、喜宝院蒐集館や竹富民芸館で展示を見たり、機織りの実演を見学する。島内をゆったり散歩しながらコンドイビーチへ。沖縄の美しい海辺で過ごしたあとは、西桟橋へ移動して夕暮れの絶景を眺めたい。島内に宿泊。

3日目
- 午前 **静かな白砂の道を、港へと歩く**
  朝食を食べたら、カイジ浜へ移動して星砂を探して過ごす。島内の景色をのんびりと見てまわりながら、歩いて竹富東港をめざす。
- 午後 **石垣島から飛行機に乗って帰る**
  フェリーで石垣島へ移動。最後に新石垣空港でおみやげ探し。飛行機で帰路につく。

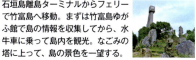

Column
島民が守り伝える文化と美しい景観

昭和61年(1986)に制定された竹富憲章は竹富島の伝統文化と自然・文化的景観を守り、生かすための原則であり、島民たちに強く根付いた考え方だ。竹富島に残る沖縄の原風景は、島民たちの努力によって保存されている。

⚠ **ひとこと情報** 伝統建築を模した部屋に宿泊できるリゾートホテルが数軒あるほか、安価で泊まれるゲストハウスや民宿などがある。

のどかな島の風景のなかを巡り、アート体験
アートの島 TOPIC

Naoshima & Inujima
Sakushima
Ichihanari Art Project

地中美術館　写真：藤塚光政

ジョージ・リッキー『フォー・ラインズ』　写真：山本糾

草間彌生『南瓜』　写真：安斎重男

58 直島 香川

さまざまな芸術活動と地域活動が島全体に溶け込むユニークなスポット

　直島諸島の中心となる島で、「ベネッセアートサイト直島」という芸術活動で世界的に知られる。フェリーが発着し草間彌生"赤かぼちゃ"が迎える「宮ノ浦」、"家プロジェクト"が展開されている「本村」、3つの美術館がある芸術活動の拠点、「ベネッセハウス周辺」の3エリアがおもな鑑賞スポット。ほかに島の北側には大正期から銅の製錬をしてきた三菱マテリアル直島製錬所もあり、見学も可能。

島データ
香川県香川郡直島町
面積　約7.8km²　周囲　約28km
人口　約3100人（平成27年4月）　最高地点　123m（地蔵山）
問い合わせ先　直島町観光協会　087-892-2299

アクセス方法
🚢 **宇野港**から**フェリー**で**約20分**

岡山県玉野市の宇野港と香川県高松市の高松港から、直島の宮浦港行の船が出ている。宇野港からは本数が少ないが、小型旅客船も利用でき、所要約15分。高松港からはフェリーで約50分、高速船で約35分。宇野港へはJR宇野駅から徒歩3分、高松港へはJR高松駅から徒歩5分。島内は町営バスでの移動が基本。レンタサイクルやレンタバイクも利用できる。

ベネッセアートサイト直島とは？
URL http://benesse-artsite.jp

瀬戸内の自然と島の文化のなかに現代アートや建築を置くことで、「どこにもない特別な場所」の創造をめざすプロジェクト。直島から始まり、現在は豊島、犬島でも展開されている。各地に置かれた美術館やアート作品のほか、島の人たちの手で運営される直島銭湯「I♥湯」など、多彩な活動が繰り広げられている。

TOPIC ● アートの島

海外からの鑑賞者も多く集まるという直島をはじめ、今では各地に点在するアートの島。
美しい自然と現代アートの不思議なコントラストを見つめていると、
島で見られる昔ながらの生活風景も、だんだん芸術作品のように思えてくる。

59 犬島（いぬじま） 岡山

**「在るものを活かし、無いものを創る」
アート活動が集落を再生する**

岡山市唯一の有人島で、高く伸びる大煙突が印象的な犬島精錬所美術館が島のシンボル的存在。大正期に操業を停止・廃止された犬島製錬所の遺構を再生して開館した。ほかに港近くに広がる集落では、民家などを芸術作品の展示空間として活用する"犬島「家プロジェクト」"が展開されている。ぐるりと一周してもそれほど時間はかからない小さな島。ゆっくりと島の風情を楽しみたい。

島データ
- 岡山県岡山市
- 面積 約0.54㎢　周囲 約3.6km
- 人口 51人（平成28年4月）　最高地点 36m
- 問い合わせ先 おかやま観光コンベンション協会 ☎086-227-0015

アクセス方法
⚓ **宝伝港**から**定期船**で**約10分**

犬島行きの船が出る岡山市の宝伝港へは、まずJR岡山駅から赤穂線で20分のJR西大寺駅へ。そこからバスに乗り約55分。週末やイベントの際は、岡山駅から宝伝港直行のバスが運行する。直島の宮浦港から豊島経由（直行便もあり）の高速船も運航しており、所要約55分。島は徒歩1時間ほどでまわれる広さ。

犬島精錬所美術館　写真：阿野太一

犬島精錬所美術館
柳幸典『ヒーロー乾電池/イカロス・タワー』(2008)
写真：阿野太一

犬島「家プロジェクト」F邸
写真：Takashi Homma

60 佐久島 愛知

島に点在する現代アート作品を巡るスタンプラリーも楽しみたい

　三河湾にある西尾市の離島。現代アートを島おこしとする活動は平成8年(1996)に始まり、平成13年からは「三河・佐久島アートプラン21」と称するプロジェクトが開始され、自然・伝統・アートによって島の活性化が図られている。島の随所に集落の黒壁をモチーフとした『おひるねハウス』や『カモメの駐車場』などの現代アート作品が見られる。古民家カフェなどもあり、グルメシーンも見逃せない。

島データ

愛知県西尾市
面積 約1.7km²　周囲 約11km
人口 約250人(平成28年6月)　最高地点 38m
問い合わせ先
西尾市役所 佐久島振興課　☎0563-72-9607

アクセス方法

⚓ **一色港**から**高速船で約20分**

佐久島行の西尾市営渡船には、名鉄・西尾駅からバスで約30分の一色さかな広場に隣接する「佐久島行き船のりば」で乗船する。1日7便で、夏休み期間には増便される。佐久島には東西2か所の渡船場があるが、両方ともにガイドマップなどが用意されており、レンタサイクルなどの施設もある。島内をひと巡りするには、東西どちらから始めても問題はない。

石垣(しがけ)海岸に置かれている南川祐輝作『おひるねハウス』。三河湾を眺めながらゆっくり過ごしたい

防波堤に並ぶのは、木村崇人作『カモメの駐車場』。風が吹くと一斉に向きを変える

ずらりと並ぶタコ壺。島の風情が漂う

TOPIC ● アートの島

会場となる4島の各所でそれぞれ個性的なアート作品が出現する

プロジェクトの顔的存在の東江（あがりえ）ツルおばぁ。会期中は大きなバルーンで登場

伊計島へ続く伊計大橋

61 イチハナリアート プロジェクト
伊計島／宮城島／浜比嘉島／平安座島　沖縄

「いちばん離れた」島で遭遇する
アートな作品群から元気をもらう

　伊計島を中心に、うるま市の島々で展開されるアートイベントで、若い芸術家の作品が島のあちこちで見られる。「イチハナリ」とは「いちばん離れた」という意味で、伊計島のこと。始まりは平成24年（2012）、旧伊計小・中学校の校舎における芸術作品の展示で、校舎は現在利用していないが、その分4島に規模が拡大している。平成28年は9月の開催。屋外にも展示があり、意表を突くような場所で多くのユニークな作品に出会える。

島データ

沖縄県うるま市
- 伊計島　面積 約1.8㎢　周囲 約7.5km
- 人口 約280人（平成28年4月）　最高地点 49m
- 宮城島　面積 約5.5㎢　周囲 約12km
- 人口 約750人（平成28年4月）　最高地点 121m
- 浜比嘉島　面積 約21㎢　周囲 約7km
- 人口 約480人（平成28年4月）　最高地点 79m（スガイ山）
- 平安座島　面積 約5.3㎢　周囲 約7km
- 人口 約1200人（平成28年4月）　最高地点 116m
- 問い合わせ先　うるま市観光物産協会　☎098-978-0077

アクセス方法

● 那覇バスターミナルからバスで伊計島まで約3時間

本島からは海中道路を通って平安座島へ、宮城島、浜比嘉島、伊計島へは橋が架かっている。那覇バスターミナルから屋慶名バスターミナル行きのバスに乗り、ターミナル手前のJA与那城前で伊計島行に乗り換える。

平成26年（2014）に行なわれた、H-IIAロケットによるはやぶさ2号機の打ち上げ。2020年、東京オリンピックが開催される年に帰還予定

祭りなどの際には鉄砲隊の試射が行なわれる

Column 6 科学の島
鉄砲からロケットまで

16世紀、伝来した鉄砲の国産化を成し遂げ、火縄銃の代名詞になった。
時は現代に移り、今では宇宙へ人々の夢を打ち上げる場所に。
科学技術の最先端が花開く、不思議な縁に恵まれた島。

宇宙センター以外は緑に包まれている

鉄砲伝来の島に宇宙のドラマを見る
62 種子島 鹿児島

　島南部の岬の突端に、緑深い山とサンゴ礁の海に囲まれ、世界一美しいロケット基地ともいわれる種子島宇宙センターがある。現在、主力ロケットであるH-IIAロケットの発射場で、奇跡の帰還が話題になった小惑星探査機「はやぶさ」に続く、2号機もここから打ち上げられた。もちろん火縄銃伝来の地としてあまりにも有名だ。

アクセス方法
⚓ **鹿児島本港**から**高速船**で**約1時間35分**
✈ **鹿児島空港**から**飛行機**で**約35分**

種子屋久高速船の高速船が、鹿児島本港南埠頭から西之表港まで1日6便運航。屋久島からアクセスすることもできる。コスモラインのフェリーも運航している。1日1便、所要3時間30分。飛行機はJACが1日3便運航。

島データ
鹿児島県西之表市・中種子町・南種子町
面積 約440km² 周囲 約170km 人口 約2万9000人（平成28年4月） 最高地点 282m（廻峯山）
問い合わせ先
種子島観光協会 ☎0997-23-0111

島の名産を求めて

豊かな魚介にはじまり、バラエティに富んだ特産品の数々。
それぞれの島の風土が生み出す、ここでしか手に入らない美味を探す。

63 小豆島 200
64 焼尻島 204
65 粟島 206
66 大崎下島 208
67 篠島 210
68 見島 212
TOPIC お取り寄せ！島グルメ 214

さまざまな特産品を持つ瀬戸内の楽園

香川

63 小豆島
しょうどしま

Shodoshima

島の名産を求めて ● 小豆島

やわらかい木洩れ日が差し、穏やかで美しいオリーブのトンネル。道の駅 小豆島オリーブ公園にて

VOICE
レンタカーで島内を巡りました！道の駅 小豆島オリーブ公園やエンジェルロードなどのんびり過ごすのにはぴったりの場所がたくさんあります（マチコ）

姉妹島提携を結ぶギリシャ・ミロス島との友好の証として建設されたギリシャ風車

天日干ししている手延素麺は、白いカーテンのよう。小豆島らしい風景のひとつだ

干潮の時だけ現れるエンジェルロード。大切な人とともに手をつないで渡ると願いが叶うといわれる「恋人の聖地」

映画『二十四の瞳』の舞台であり、撮影地ともなった苗羽尋常小学校田浦分校

国指定の名勝、寒霞渓は国内有数の紅葉の名所でもある

島の名産を求めて ● 小豆島

63 小豆島(しょうどしま) 香川

島を歩けばオリーブ並木に出会い花は5～6月に一気に咲き誇る

　瀬戸内海では2番目に大きい島で、近年は移住者も増えてきている。産業としては醤油や小豆島佃煮、小豆島手延素麺、ごま油などが盛んで、なかでもオリーブは国内最大の生産量を誇る。

　明治41年(1908)にイワシなどの缶詰に使用するために植樹されたのが、小豆島のオリーブ産業の始まり。現在では世界的にも高い評価を獲得している。小豆島オリーブ園では日本最古のオリーブ原木が見られ、小豆島ヘルシーランドには、現代のプラントハンターといわれる西畠清順氏がスペインからもたらした樹齢1000年の希少な「オリーヴ大樹」もある。昭和29年(1954)に公開された映画『二十四の瞳』のロケ地でもあり、今でも多くの人が訪れている。

島データ
- 香川県小豆郡小豆島町、土庄町
- 面積 約150km² 周囲 約130km
- 人口 約2万9000人（平成28年5月）
- 最高地点 817m（星ヶ城山）
- 問い合わせ先 小豆島観光協会 ☎0879-82-1775

お楽しみポイント

手延素麺
喉ごしの良さ、もっちりとした食感が特徴的で、島に製法が伝わった400年前から同じ手法で作り続けられている。食べるだけでなく箸分け体験もできるのでぜひ。

小豆島産オリーブ
国内で初めてオリーブ栽培に成功した小豆島。瀬戸内海の気候が育ったオリーブは、今でも島の特産だ。とくに高品質のオリーブオイルはおみやげにぴったり。

醤油
戦国期の終わり頃から始まった小豆島の醤油造り。今では国内有数の醤油産地となっている。おみやげにするだけでなく、蔵や工場の見学もおすすめだ。

アクセス方法
- 神戸港からフェリーで約3時間10分
- 姫路港からフェリーで約1時間40分
- 新岡山港からフェリーで約1時間10分
- 高松港から高速船で約35～45分

小豆島には港がいくつかあり、神戸港からは坂手港、姫路港からは福田港、新岡山港からは土庄港、高松港からは土庄港ほか複数の港、といった具合にルートにより利用する港が異なる。各船、運行便数やスケジュールも異なるので、旅する時期と使う便の下調べはしっかりとしておこう。

温暖少雨で過ごしやすい　季節／時間

1	2	3	4	5	6	7	8	9	10	11	12

比較的温暖な気候で、雨も少なく、冬場に雪が降ることは滅多にない。観光シーズンは春と秋で、5～6月にはオリーブが花を咲かせ、秋には渓谷を一面に染める紅葉が美しい寒霞渓などを見に、多くの観光客が訪れる。

- オリーブの花　5月下旬～6月上旬
- 寒霞渓の紅葉　11月上旬～下旬

定番スポットを巡る1泊2日　モデルプラン

1日目 午後 島内の2つの名所をレンタカーで巡る
島に着いたら、まずはレンタカーを借りよう。最初に向かうのは絶景で知られる寒霞渓。1300万年もの年月をかけて、自然がつくり出した壮大な景観を楽しみたい。次は、道の駅小豆島オリーブ公園に行き、オリーブ記念館やギリシャ風車など、園内をのんびりと散歩したい。その後、余裕があれば、潮の干満により道が浮かび上がる、島内西部のエンジェルロードや夕陽ヶ丘から屋形崎での夕日観賞もおすすめ。

2日目 午前 撮影地で、名作映画の世界に浸る
小豆島を舞台にした映画『二十四の瞳』。二十四の瞳映画村では、撮影地として使われた際のセットを公開しており、昭和初期の小さな村を再現した建物や、作中の名場面を彷彿させるセットや展示が見学できる。

2日目 午後 そうめんの箸分け体験などで、島の文化を学ぶ
島内の工場などでは、昔ながらの製法によるそうめん作り体験を行なっている。9～11月のオリーブの収穫期には収穫や搾油などの体験ができる場所もある。

ひとこと情報　人気の観光地なので、島内には多くの宿泊施設がそろう。島の西部にいくつかあるエンジェルロードを望むホテルが人気。

北の島で穏やかに育つ黒い顔の羊たち

北海道

64 焼尻島（やぎしりとう）

顔の黒い羊たちがのんびり暮らす「幻のサフォーク肉」の産地

北海道北西部に位置する羽幌町から沖合へ25km。島の面積の3分の1は、オンコ（イチイ）やミズナラなどのうっそうとした自然林に覆われ、森林浴を満喫できる散策路が続いている。森を抜けると緑の牧草地帯が開け、羊（緬羊）がのどかに草を食んでいる。およそ島とは思えない、のびのびとした牧歌的な風景だ。顔と足の黒いサフォーク種は、幻のラム肉ともいわれる高級食材。多数のフレンチレストランのシェフから支持を得ており、島のフェリーターミナル横の食堂などで味わえる。

島データ
北海道苫前郡羽幌町
- 面積：約5.2km²
- 周囲：約12km
- 人口：約210人（平成28年5月）
- 最高地点：94m
- 問い合わせ先：羽幌町観光協会 ☎0164-62-6666
- 焼尻島観光案内所 ☎01648-2-3993（4月末～8月31日）

アクセス方法
⚓ 羽幌港から高速船、フェリーで約35～60分

羽幌港から1日1～3便、羽幌沿海フェリーの高速船とフェリーがそれぞれ運航している。札幌駅から羽幌港までは、沿岸バスが1日6便運行している。高速乗合バス「特急はぼろ号」で羽幌ターミナルで羽幌港連絡バスに乗り換え、約3時間20分。高速船やフェリーのダイヤは月ごとに変わるため乗車時刻に注意。

島の名産を求めて　●焼尻島

背の低いオンコ(イチイ)の木が密集する。強く冷たい風や雪の重みで横に成長するのだという

焼尻めん羊牧場から、本道の海岸線や天売島の景色が見渡せる

西南部の岬に広がる鷹の巣園地。遠くに霞んで見えるのは天売島

花開く春から夏がおすすめ　季節／時間

1	2	3	4	5	6	7	8	9	10	11	12

花の島とも呼ばれるほど、海浜から草原にかけて四季折々の草花が咲き競う。とくに6月中旬から7月中旬にかけて咲く、黄色い鮮やかなエゾカンゾウは島を代表する花として有名。

- エゾエンゴサク 4～5月
- エゾカンゾウ 6月中旬～7月中旬
- エゾフウロ 6月
- オオマツヨイグサ 8～10月

Column
「世界最高峰の味覚」が味わえる祭り

焼尻島産のサフォーク肉が味わえるのが、毎年8月上旬頃に行なわれる「焼尻めん羊まつり」。フランスの有名な高級羊肉プレ・サレと並ぶと評価される幻の羊肉目当てに、多くの人々が訪れる。

花と原生林の島を満喫する　モデルプラン

1日目

午前：午前の便で羽幌発を発ち、昼前に焼尻島へ到着
宿泊先のチェックインを済ませ、島内観光に出かける。

午後：**焼尻郷土館からめん羊牧場へ海岸沿いに進む**
レンタサイクルを利用し、明治時代の建物を生かした焼尻郷土館を訪問。水平線を眺めながら焼尻めん羊が育つ牧場を抜け、マクドナルド上陸記念碑、鷹の巣園地、映画『幸福の黄色いハンカチ』のロケ地などを巡る。

2日目

午前：**うっそうと繁るオンコの林を抜けウグイス谷へ**
国の天然記念物に指定されているオンコの自然林。なかでもウグイス谷の先に生える、高さ1mほどの背の低いオンコの荘が見どころ。

午後：**雲雀ヶ丘公園の森でバードウォッチングを楽しむ**
東側中央部に広がる公園で、水辺に集まる鳥を観察。フェリーターミナルに到着したら、ターミナル横にある売店や「島の母さん直売所」で島のおみやげ探し。

 ひとこと情報　島内には3軒民宿がある。4～10月のみ期間営業している布目旅館では、島を周遊するシーカヤック体験ができる。

日本海の幸を豪快にお椀の中へ

新潟

65 粟島（あわしま）

石で煮立てる野趣満点の漁師料理 自然散策や温泉などの楽しみも

　新潟市の北方に浮かぶ島は、そのほとんどが山や丘陵で占められ、全島が県立自然公園に指定されている。豊かな漁場にも恵まれ、伝統的な定置網漁である大謀網漁（だいぼうあみりょう）が盛んに行なわれている。5〜6月が最盛期で、希望すれば船上から真鯛やブリが揚がる様子を見ることができる。また、この島で味わいたいのが、名物のわっぱ煮。もともと漁師料理で、わっぱ（木を曲げた器）に炙った魚と水、焼いた石を入れて豪快に煮立てる味噌汁だ。頼んでおけば、民宿で味わえる。

島データ
新潟県岩船郡粟島浦村
- **面積** 9.78km²　**周囲** 約23km　**人口** 約370人（平成28年5月）　**最高地点** 265.30m（小柴山）
- **問い合わせ先** 粟島観光協会　℡0254-55-2146

アクセス方法
⚓ **岩船港**から**高速船、フェリーで約55〜90分**
岩船港から1日2〜5便、粟島汽船の高速船とフェリーが運航している。季節によりダイヤの変更があるため事前に確認しておきたい。岩船港までは、JR村上駅から予約制の乗り合いタクシーの利用が便利。所要約15分。予約を取らない場合は、新潟交通観光バスで約20分、岩船島上大町バス停下車、徒歩10分。

島の名産を求めて ● 粟島

仏崎からの景観。島の自然を満喫するには散策とサイクリングがおすすめ

港町らしく港にはたくさんの漁船が並ぶ

メバル、カワハギ、アブラコなど旬の魚を使う漁師料理らしい豪快さに満ちたわっぱ煮

夏の海水浴シーズンがベスト　季節／時間

1	2	3	4	5	6	7	8	9	10	11	12

岩ユリのオレンジ色が島を彩る6月になると、サイクリングや島内散策を楽しむ観光客で賑わう。粟島の周囲を周遊する観光船が、毎年4月下旬～9月下旬限定で運航している。

岩ユリ 6月　**ハナダイ** 6～9月　**メバル** 4～7月
アイナメ 5～6月、9～12月　**アジ夜釣り** 6～11月

お楽しみポイント

わっぱ煮
粟島を代表する漁師料理。杉を曲げて作ったわっぱに、粟島の海の幸を入れ、真っ赤に焼いた石を落とし、味噌を溶き入れながらひと煮立ちさせ、最後にネギを入れる。

ジャガイモ
粟島のジャガイモは知る人ぞ知る名産品で、島じゃがコロッケ（島内の宿泊施設で提供・要予約）は絶品。ジャガイモを使った「粟島じゃがいも焼酎」にも注目したい。

景色に癒やされ、島と遊ぶ　モデルプラン

1日目 午後
午前の便で岩船港を発ち、昼には粟島へ到着
宿泊先にチェックイン後、島内の食堂で昼食。粟島名物のわっぱ煮や、特産のジャガイモ料理などを堪能。

2日目 午前
定置網を使った漁師の大謀網漁を見学する
大型の定置網を2隻の船で操り、真鯛やブリなどが揚げられる様子を船上から見学。5～7月が最盛期にあたり、気軽に網漁に触れることができる。

防波堤や岩場からフィッシングを楽しむ
粟島は複雑な岩礁が多く、魚の宝庫としてフィッシングの人気が高い。磯釣りや深海釣りなど、楽しみ方も家族向けから本格派まで多彩にそろう。

2日目 午後
観光船「シーバード」で島内の美しい景色を眺める
粟島を約1時間ほどで周遊する観光船へ。4月下旬～9月下旬の期間限定運航。西海岸の美景に息をのむ。

3日目 午前
岩場に咲く岩ユリと野鳥を観察しに行く
レンタサイクルで、新潟百景の仏崎など島の見どころを巡る。サイクルロードは一周約14.7km。

ひとこと情報　内浦、釜谷それぞれの地区に民宿がある。内浦地区はすべて徒歩10分以内、釜谷地区は定期船の発着場所まで送迎している。

66 大崎下島（おおさきしもじま）

ミカンとともに歴史ある街並を満喫　Osakishimojima　広島

圧倒的なミカンの段々畑と江戸時代から残る街並に癒される

　玄関口である大長（おおちょう）は「大長みかん」の産地としてよく知られる。山々のほぼ全体にミカンの段々畑が広がり、四季折々の美しい景観を見せる。島の東端に位置する御手洗（みたらい）の街は、18世紀に北前船などの廻船の潮待ち、風待ちの港町として栄え、シーボルトも寄港したという。現在も江戸時代後期から明治、昭和初期の建造物が多く残り、平成6年（1994）には「重要伝統的建造物群保存地区」に選定された。「歴史の見える丘公園」に立てば御手洗の街並や来島（くるしま）海峡などが一望できる。

島データ
広島県呉市
面積	約18km²	周囲	約26km	人口	約3500人（平成28年3月）
最高地点	449m（一峰寺山）
問い合わせ先	(一社）呉観光協会　☎0823-21-8365

アクセス方法
◉ **広島バスセンター**から**バスで約2時間20分**
さんようバスが運行する「とびしまライナー」に乗車。島内にはバス停が数か所あり、御手洗地区にも停車する。「とびしまライナー」はJR呉駅、JR広駅からも乗車可能。JR広駅からは瀬戸内産交バスも利用できる。安芸灘とびしま海道は人気のドライブコースでもあるため、レンタカーもおすすめだ。

島の名産を求めて ● 大崎下島

大長レモン、大長みかんなど、昔から柑橘類の栽培が盛ん

重要伝統的建造物群保存地区に指定されている御手洗地区

御手洗地区ではノスタルジックな風景にあちこちで出会える

柑橘類の旬をめざしたい　　季節／時間

1	2	3	4	5	6	7	8	9	10	11	12

11～12月頃には、島の農園でミカン狩りの体験をすることができる。一方、レモンは11月頃まではグリーンレモンが中心だが、12月に入るとイエローレモンの出荷が始まる。

大長みかん 11～12月
大長レモン 12～5月 ※グリーンレモンは8～11月

お楽しみポイント

柑橘類の加工品

ミカンやレモンなどの柑橘類はそのまま購入してもいいが、おみやげには加工した食品がぴったり。素材の味が楽しめるジュースやジャムから、爽やかな風味の柑橘菓子、みかん味噌などの変わりダネまでそろっている。

広島観光に組み入れよう　　モデルプラン

1日目

午前　**広島市内の観光スポットを巡る**
平和記念公園などを散策し、お好み焼きでランチ。

午後　**広島市の中心街でショッピング**
本通・並木通りの周辺は広島県内随一のショッピングエリア。おみやげからファッションまで何でもそろう。

2日目

午前　**バスに乗って大崎下島へ向かう**
JR呉駅やJR広駅まで鉄道を利用してからバスに乗ったほうが早い場合もあるので、検討したい。

午後　**御手洗地区の街並を散策**
街そのものが絵になるので、カメラを忘れずに。ミカンの時季なら、農園へミカン狩りに出かけてもいい。レモンは通年販売している。

3日目

午前　**在来線や新幹線で尾道をめざす**
新幹線のほうが早いが、新尾道駅が最寄りなので、そこからバスやタクシーで中心部へ移動する必要がある。

午後　**坂の街・尾道をじっくりと観光する**
お寺や映画のロケ地巡り、レトロな商店街でのショッピングなどを楽しもう。休憩は眺めのいいカフェで。尾道ラーメンや尾道焼きなど、名物の味も試したい。

ひとこと情報 大崎下島からフェリーで渡れる大崎上島にも注目。橋は架かっておらず、ゆったりとした風情で、映画のロケ地にもなった。

しらす漁獲量日本一。三河湾のごちそうに舌つづみ

愛知

67 篠島(しのじま)

港にはたくさんの漁船が並ぶ

内海と外海がもたらす豊富な海の幸 生しらす丼をしょうが醤油でさっぱりと

知多(ちた)半島と渥美(あつみ)半島の中間に位置し、名古屋から約1時間半で行ける観光の島。周辺に松の茂る無人島が点在することから「東海の松島」とも呼ばれる。加藤清正ゆかりの「清正(きよまさ)の枕石」などの名所旧跡や海上釣堀、海水浴場と楽しみは多いが、観光客のいちばんの目当ては、新鮮で豊富な海の幸。なかでもしらすは日本一の漁獲量を誇り、4~12月には獲れたてぷりぷりの生しらす丼がいただける。4~11月の穴子、10~3月のトラフグ、通年味わえる鯛と、いつでも舌を楽しませてくれる。

島データ
愛知県知多郡南知多町
面積 約0.93km² 周囲 約8.3km
人口 約1700人(平成28年4月) 最高地点 49m
問い合わせ先
篠島観光協会 0569-67-3700

アクセス方法
師崎港から高速船で約10分
名鉄海上観光船の定期高速船が、師崎港と河和港から出ている。車で行く場合は、師崎港が便数も多くフェリーも出ており便利。電車の場合は、河和港へ名鉄・河和駅から無料の送迎バスで約3分か徒歩8分。伊良湖行きの高速船が1日3便、所要約30分。島内は徒歩や島の駅のレンタサイクルで動くか、乗り合いタクシーなどを利用する。

島の名産を求めて ● 篠島

島の東に広がる800m続くサンサンビーチ。夏は海水浴場として賑わい、ほかの季節もさまざまなイベントの会場となる

松島の美しい夕日は、日本の夕陽百選にも選ばれている

🍀 旬の魚介を味わいたい　　季節／時間

| 1 | 2 | 3 | 4 | 5 | 6 | 7 | 8 | 9 | 10 | 11 | 12 |

海水浴目当てならばもちろん夏だが、そうでなければ魚介の旬をめざして訪れたい。名物のしらすは4〜12月の間食べられるが、旬は春と秋。しらすがない冬はふぐが登場する。

しらす 4〜12月　穴子 4〜11月　ふぐ 10〜3月
タコ 通年　鯛 通年

Column
伊勢へ奉納する「御幣鯛（おんべたい）」

篠島では古くから、毎年3回伊勢神宮へ「御幣鯛」と呼ばれる塩干した鯛を納めている。伊勢に神宮を開いた倭姫命が直接奉納を指示したと『日本書紀』にあり、その起源は計り知れない。年3回のうち新嘗祭に合わせた10月は、とくに盛大におんべ鯛祭りが行なわれている。また、篠島の神明神社は、伊勢の20年ごとの式年遷宮の際、古くなった社殿の建材が下賜され、社殿を建て替える。

✏️ 美しい海と海の幸を楽しむ　　モデルプラン

1日目 午前：師崎港から島へ渡る
師崎港の駐車場に車を置き、高速船で篠島へ。

1日目 午後：離島ならではの美しい海を堪能する
サンサンビーチで美しい海を楽しんだり、管理釣り堀の篠島釣り天国で釣りを満喫したり。夕方には松島に沈んでいく美しい夕日を眺めたい。

2日目 午前：島の旧跡や名所を訪ねる
伊勢神宮と古くからつながりを持つ神明神社など島に点在する歴史スポットを巡る。

2日目 午後：極上の魚介を食べたら島を離れる
しらす丼や季節でなければふぐなど、旬の魚介を食堂で楽しんだら、高速船に乗り師崎港へ戻る。

鯛やハマチ、アジなどが放流されている篠島釣り天国

❗ **ひとこと情報** それほど大きな島ではないが、宿泊施設は充実している。新鮮な魚介を食事に出してくれるのも魅力だ。

68 見島(みしま)

島で暮らすのは希少な純粋和牛
山口

海を背に見島牛がたたずむ。肩から頭部にかけた部分が発達し、厳つい印象

幻の高級肉、見島牛の放牧場と200基以上もの集団古墳群で知られる

萩市の海上、北北西に約45kmの海上に浮かぶ小島だが、古代から航路の要衝として知られていた。見島といえば見島牛として知られる。国の特別天然記念物で、和牛の原形とされ、他品種との交配が禁じられ、その放牧場はここでしか見られない。本村の東に位置する横浦海岸一帯には見島ジーコンボ古墳群がある。7世紀後半～10世紀に築造されたもので約200基を数えるが、未発掘のものも多くあるという。見島では多くの野鳥が見られるため、バードウォッチャーにも人気がある。

島データ
山口県萩市
- 面積 約7.8km²
- 周囲 約24.3km
- 人口 829人（平成28年3月）
- 最高地点 181m
- 問い合わせ先 見島観光協会 ☎0838-23-3311

アクセス方法
⚓ 萩商港から高速船で約1時間15分

萩商港から1日2～3便、萩海運の高速船が運航。島へは南部の本村港と、東部の宇津港の2か所から上陸できる。萩商港までは、萩駅から30分おきに運行する萩循環まぁーるバス（東回りコース利用時）で約10分、定期船乗り場入口下車すぐ。東萩駅からは東回りコースしか運行していないためアクセスに不向き。

島の名産を求めて ● 見島

島の南東部の海岸に沿って残る、積石塚の古墳群

断崖に建つ宇津山観音寺正観音。目の前には美しい海が広がる

対馬暖流の影響で比較的温暖　季節/時間

1	2	3	4	5	6	7	8	9	10	11	12

温暖な気候から魚介類が豊富で、年間を通して釣り客が多い。夏季になると自然美に恵まれた宇津海岸に多くの観光客が訪れ、かつて見島牛の放牧場であった一帯がキャンプ地として賑わう。

キュウリ 3～7月、9～12月
ウニ 6～8月

Column
日本屈指の渡り鳥の聖地

長崎県対馬、石川県舳倉島と並び渡り鳥の中継地として知られる見島。日本で確認されている野鳥550種のうち353種が観察できるといわれている。毎年4月下旬には「バードウォッチングin見島」が開催され、日本の各地からバードウォッチャーが足を運ぶ。

天然記念物や野鳥を観察　モデルプラン

1日目

午前：萩商港を発ち、午前中には見島へ到着
宿泊先にチェックイン後、島内散策へ出発。

午後：見島ジーコンボ古墳群を見学
海岸に沿って長さ約300m、約200基の古墳が残る古墳群へ向かう。7世紀後半から10世紀初め頃にかけて築造されたといわれる貴重なスポット。

2日目

午前：山口県最北端の地、長尾ノ鼻で日本海を一望
太陽が水平線から昇り、水平線に沈むのを同じ場所から見ることができる、全国でも有数のスポット。

午後：国の天然記念物、見島牛を見に牧場へ行く
和牛の原形ともいわれる見島牛。見島牛保存会による保護が続けられ、現在約100頭が飼育されている。

ひとこと情報 本村港周辺、宇津港周辺どちらにも3軒ずつ民宿があり、島ならではの鮮魚やウニ飯などが味わえる。

帰ってからも、行けないときも、家にいながら島の味覚を満喫！

お取り寄せ！島グルメ TOPIC

礼文島 北海道
サーモン昆布重ね巻
(420g1本) 1350円 **1**

ご飯と一緒に、おつまみになんにでもぴったり

脂ののったサーモンと北海道産昆布のミルフィーユ昆布巻き。化学調味料無添加で体にもやさしい。年間15万本以上の実績のヒット商品

飛島 山形
飛島アイス(5個セット) 1750円 **3**

島の素材を使った5種のオリジナルアイス

意外なおいしさに驚く飛島の素材を使った限定アイス。とびうお焼き干しだし、ごどいも、わかめヨーグルト、焼のり抹茶、魚醤の5種

アイスに混ぜるとねばねばアイスに変身

利尻島 北海道
昆布からのお塩 (15g)
324円 **2**

独自の製法（特許取得）で昆布から採取した塩は、ひと味違った旨み。バニラアイスに混ぜると塩バニラ味になり、昆布の粘りでトルコアイスのように伸びるようになる。天ぷらの付け塩や漬物の隠し味にもぴったり

佐渡島 新潟
佐渡バター
(200g) 756円 **4**

自然なミルクの甘みと香り

古くから牛の飼育が盛んな佐渡島。新鮮な生乳から抽出した生クリームを原料に、木製チャーンを使用し1個ずつ木型で成型する。手作り、少量生産のため、1人1個限定の希少商品

新島 東京
七福 嶋自慢(1800㎖) 3548円 **5**

香ばしさと甘さの絶妙なコンビネーション

新島で古くから作られてきたサツマイモ「あめりか芋」を使った芋焼酎。麦麹ならではの香ばしさと芋の甘さの組み合わせについつい杯がすすむ

伊豆大島 東京
三原椿油
1836円（瓶・130㎖）
4968円（缶・500㎖） **6**

オリーブオイルを超えるヘルシーオイル

良質なものだけを選別したやぶ椿の実から搾り、時間をかけて濾して作る純粋な椿油。化粧用だけでなく調味油としてもヘルシーで優秀

八丈島 東京
八丈島ジャージープリン
1050円（3個セット） **7**

八丈島の恵みを閉じ込めた一瓶

八丈島で自然放牧されているジャージー牛から採れる牛乳、生クリームと、放し飼い卵「かぐやひめ」をたっぷり使った贅沢な品

TOPIC ● お取り寄せ! 島グルメ

島固有の風土が育んだ特別な逸品を取り寄せて、いつでも旅気分に。
手間ひまかけて作る希少な品や、季節限定の品も多いので、品切れの際はまた次の機会に。
離島からの発送になるので、のんびりゆったり美味が届くのを待とう。

神津島 東京
赤イカ入り塩辛 800円 [8]

生臭みが少なく
苦手な人でも大丈夫と評判
「イカの女王」といわれる赤イカ（ケンサキイカ）とスルメイカを配合。大島の塩と自家栽培の唐辛子を使っている。甘口、中辛、辛口の3種類

母島 東京
ラム酒（720㎖）
1950円 [10]

島の人に親しまれた
戦前の「糖酎」を復刻
小笠原で生産しているラム酒は、樽で貯蔵していないため透明で黒糖焼酎に近い味わい。ロックやカクテルなどで楽しみたい

八丈島 東京
**最高級
青むろあじ
くさや**（1kg）
2800円 [9]
※季節により変動あり

島特有の旨みと
歴史を持つ逸品
近海で獲れた最高級の青ムロアジを、湿度の高い八丈島に適応した菌でくさやに仕上げた。魚や菌の状態によって、季節ごとに異なる味わいが楽しめる

父島 東京
薬膳島辣油 840円 [11]

激辛がくせになるラー油
辛みの強い硫黄島の唐辛子を使用。アロエやウコンなど体に良い具材がたっぷり入っている。餃子にはもちろん、麺類にもよく合う

篠島 愛知
篠島産しらす干し
（500g×2）
3850円（送料込） [12]

鮮度の良いしらすを
天日干しでうす塩味に
しらす漁獲量日本一である篠島港。水揚げされたばかりの新鮮なしらすを塩のみを使って釜揚げ、干したもの

問い合わせ先

1	島の人	☎0120-777-164 URL http://shop.rebun.jp
2	北利ん道	☎090-5988-2784 URL http://ameblo.jp/atukidayo/
3	合同会社とびしま	☎0234-96-3800 MAIL mail@tobi-shima.com
4	佐渡乳業	☎0259-63-3151 URL http://sadonyugyo-shop.com
5	宮原	☎04992-5-0016 URL http://shimajiman.com
6	高田製油所	☎04992-2-1125 URL http://www.tsubaki-abura.com
7	八丈島乳業	☎04996-2-0024 URL http://www.hachijo-milk.co.jp
8	丸金商店	☎04992-8-0048 URL http://marukin-shouten.com
9	長田商店	☎04996-2-1037 URL http://www.kusayaya.com
10	小笠原ラム・リキュール	☎04998-3-2111 URL http://www.oga-rum.com
11	小笠原フルーツガーデン	☎04998-2-2534 URL http://www.ogasawara-ichiba.com
12	かじや水産	☎0569-67-3078 URL http://www.kajiya-shirasu.com
13	うずのくに南あわじ	☎0799-52-3005 URL http://www.uzunokuni.net

淡路島 兵庫
クレイジーオニオンジャム [13]
750円

パンはもちろん、ローストビーフや
チーズにもぴったり
長時間じっくり炒めた淡路島産玉ネギに香辛料を加え、スパイシーなコンフィチュールに。そのまま食べるほか、カレーの隠し味など、さまざまに活躍

※商品価格は消費税込みのものです

因島 広島
はっさく大福 140円 **14**

ハッサクと白餡の絶妙なバランス

中には2、3房のハッサクの実がまるごと。心地よい酸味のハッサクを、白餡の甘みとミカン皮を入れた餅がやさしく包む新感覚の大福餅

生口島（しまなみ海道）広島
瀬戸田レモンジャム 島ごころ 各1080円 **15**

レモンの果皮と果実を使い分け3種のジャムに

瀬戸田町だけで作られる瀬戸田エコレモンを使った、コンフィ、シロップ、ジャムの3種。コンフィはレモン自体の自然なペクチンを利用した無添加ジャム

小豆島 香川
エクストラバージンオリーブオイル（200㎖） 4000円（※季節限定） **17**

爽やかな香りとフルーティな味わい

園内で栽培したオリーブ果実から採油したオイル。一粒一粒ていねいに手摘みで収穫し、収穫後、自社の搾油場ですぐに搾油を行なう

大三島（しまなみ海道）愛媛
大三島リモンチェッロ（200㎖） 2100円 **16**

瀬戸内ならではの地リキュール

無農薬の島レモンをやさしい香りとほろ苦い後味のリキュールに。レモンの栽培からボトリングまで一貫して手作業のため、年間限定本数の品

小豆島 香川
手延素麺 各種 （価格は問い合わせ） **18**

瀬戸内の冬の寒風と太陽がおいしさの理由

約400年前に伝わった製法を守る伝統の手延素麺。厳選された小麦、瀬戸内海の塩と小豆島で製造されるかどや製油のごま油のみを使用

中通島 長崎
五島手延うどん 五島美人 （価格は問い合わせ） **20**

伝承の技を受け継ぐ麺匠が作った最高峰

9人の熟練の麺匠のみが作る高品質な「波の糸」ブランド。なかでも「五島美人」は、長崎県産の小麦粉、五島灘の塩や椿油を使い、手間を惜しまずに作りあげた最高峰品

対馬 長崎
かすまき 各種 （価格は問い合わせ） **19**

厚いカステラ生地とたっぷりのこし餡

対馬伝統の和菓子。江戸時代、参勤交代から帰ってきた藩主の旅の無事を祝うために考案されたそう

壱岐 長崎
島茶漬け 670円（1人前） **21**

壱岐の海の幸をお茶漬けでいただく

好漁場である壱岐で揚げる真鯛とイカを刺身におろし、特製のタレに漬け込む。イカのコリコリとした食感と鯛が相性抜群

能古島 福岡
純粋はちみつ NOCOHACHI **22**

左から1620円、1296円、1080円

柑橘の香りが漂ううはちみつ

貴重な国産の純粋はちみつ。左からニューサマーオレンジの花のみから採蜜したニューサマーオレンジプレミアム、能古甘夏など柑橘類の花から採蜜した能古オレンジミックス、さまざまな花から採蜜し季節により味わいの異なるレギュラー

TOPIC ● お取り寄せ！島グルメ

奄美大島 鹿児島
純黒糖みつ（280g）1500円 **23**
ミネラルたっぷり、濃厚で深い味わい
農家さん、自社栽培サトウキビの搾り汁だけを煮詰めた純粋な黒糖蜜。ベルギーの有名チョコレート会社にも採用されたという逸品

加計呂麻島 鹿児島
カケロマ島ジェノベーゼ 1080円 **24**
奄美の生きる知恵を詰め込んだ
よもぎやハンダマ、天然の「きび酢」など、長寿で知られる奄美の郷土食材と加計呂麻独特の食材をハーブソースに。パスタや肉、魚のソースに

屋久島 鹿児島
水ノ森（720㎖）1339円 **25**
伝統が作り出す豊かな香り
屋久島のやわらかい水と島内産のサツマイモ「白豊」を原料に、黒麹と明治から続く甕で仕込んだ焼酎。独特の甘み、コク、旨みを持つ

久米島 沖縄
油味噌各種
（価格は問い合わせ） **26**
塩分ひかえめやさしいおばぁの味
久米島の家庭でご飯のともにしたり、おにぎりに入れたりと昔から愛されている油味噌。豚肉が入っているものが定番

問い合わせ先

14	はっさく屋	☎0845-24-0715（月・火曜定休）
	URL	http://0845.boo.jp/hassaku/
15	島ごころ	☎0845-27-0353
	URL	http://www.patisserie-okumoto.com
16	Limone	☎0897-87-2131
	URL	http://www.limone2.com
17	道の駅 小豆島オリーブ公園	☎0879-82-2200
	URL	http://www.olive-pk.com
18	小豆島手延素麺協同組合	☎0879-75-0039
	URL	http://www.shimanohikari.or.jp
19	対馬観光物産協会	☎0920-52-1566
	URL	http://www.tsushima-net.org
20	五島手延うどん協同組合	☎0959-42-2655
	URL	http://www.goto-udon.jp
21	壱岐もの屋（平山旅館）	☎0920-43-0969
	URL	http://iki-ikimonoya.shop-pro.jp
22	ヴァンベールフーズ	☎092-611-9628
	URL	http://vanbeell.com
23	奄美きょら海工房	☎0997-52-7345
	URL	http://www.kyora-umi.com
24	加計呂麻農園	☎090-1501-6674
	URL	http://www.kakeroma-farm.com
25	本坊酒造	☎0997-46-2511
	URL	http://www.hombo.co.jp
26	沖縄県物産公社	☎098-859-6324
	URL	http://www.washita.co.jp
27	ゴーヤカンパニー	☎0980-83-5814
	URL	http://go-ya.asia
28	パラダイスプラン	☎0120-408-385
	URL	http://www.paradise-plan.co.jp
29	アートオブティダ	☎0980-73-6343
	URL	http://www.artoftida.jp

石垣島 沖縄
島豚ごろごろ 各648円 **27**
ご飯にも、ちょい足しの調味料にも
石垣島産三元豚の粗挽きミンチをアンダンス（油味噌）仕立てにした、ご飯にぴったりの肉味噌。通常のものと島唐辛子を加えたピリ辛の2種

宮古島 沖縄
宮古島サルサ 864円 **29**
宮古島の太陽の恵みをぎゅっと凝縮
トマトや玉ネギなどの野菜はもちろん、雪塩や島唐辛子、ハーブなど調味料も宮古島産。力強い野菜の旨みと唐辛子の辛みが絶妙

宮古島 沖縄
宮古島サイダー 雪塩味 **28**
1500円（6本入り）
疲れた体に南の島のサイダーを
地下水を汲み上げて作る宮古島の雪塩をサイダーに。炭酸の爽やかさと塩味が絶妙なハーモニー。暑い夏の塩分補給にも最適

※商品価格は消費税込みのものです

島旅ガイド
～楽しい旅にするために～

広々とした海と空、生命力に満ちた木々や花々、独特の文化に触れられる島への旅。
海に囲まれた島は、同じ国内の旅行でも、ならではの準備や注意が必要になってくる。

足りないことを楽しむつもりで
島旅の基本・準備

● 行きたい島を決めて情報収集

橋で結ばれた観光の島や施設の整ったリゾートの島は、気軽に行けるから旅の初心者向き。旅慣れた人なら、あまり観光地化されていない離島で、独自の自然や伝統文化に触れるのもいい。

自然豊かな日本の島では、季節ごとにさまざまな風景に出会える。独自の祭りや伝統行事が見られる島も多い。その島の魅力的な花や風景はいつが適期か、いつ頃どんなイベントがあるか、日程を決める際の参考にしたい。魚介類など、島の特産品の旬の時期に合わせて出かけるのもいい。

沖縄の南の島や八丈島のように台風の通り道にある島では、飛行機や船が欠航になることも少なくない。とくに船は強風・高波などの気象の影響を受けやすい。島によっては台風シーズンを避けるか、事前に観光協会や運航会社に天候を問い合わせておきたい。

● アクセス方法を調べて決定

車や徒歩で渡れる島は別にして、一般的に島へ渡る手段は飛行機か船になる。飛行機は割高だが乗り物酔いの心配が少なく、時間を節約できる。ただし、空港と街が離れていることもあるので、到着後のアクセスも調べておきたい。

船の場合、発着地やルートの違う複数の航路が用意されていることもある。船には、車や自転車も載れる大型のカーフェリー、短時間で行ける高速船のほか、伊豆諸島や壱岐・対馬などの離島では、海面を浮上して進む超高速船のジェットフォイルが運航している島もある。高速船はなんといっても速さが魅力。フェリーは高速船よりも割安で、天候の影響を受けにくく、比較的酔いにくいのがメリット。どちらか選べる場合は、船旅をゆっくり楽しむか、時間重視かなど、それぞれの旅のスタイルで決めたい。

● 日程にゆとりをもって

台風や高波など、天候に左右されやすい船旅は、なにかとスケジュールが崩れがち。遅延や欠航することもある。飛行機は船に比べれば欠航や遅延は少ないものの、台風シーズンは要注意。船からほかの交通に乗り継ぐ場合にぎりぎりの時間に設定しないなど、スケジュール全体に余裕をもたせて計画を立てたい。

● 持って行きたいもの

船の乗り降りや未舗装路などを考えると、なるべく歩きやすい靴がベター。南の島では、日焼け止めクリームや帽子、サングラスなどの紫外線対策を考えよう。薄手の長袖やウインドブレーカーは、虫よけや夜の気温低下など、なにかと役立つので、夏でも1枚は持参したい。海に行く予定がなくても温泉露天風呂で、水着が必要なところもある。シュノーケリング用具は、ほとんど現地でレンタルできる。

離島の宿には、歯ブラシやタオルなどのアメニティが用意されていないことも。フェリーに1泊する場合にも必要だろう。長い船旅では時間つぶしのための文庫本や娯楽用品もあると重宝する。

● 現金は多めに持参しよう

島に銀行やコンビニエンスストアがなく、現金をおろせず困ったという話を聞く。クレジットカードが使えない宿や店も多いので、現金は多めに持っていこう。銀行はなくても郵便局はあるという島も多く、ゆうちょ銀行の口座は地方で役立つ。また手数料はかかるが、多くの銀行カードもゆうちょのATMでも使えるようになっている。郵便局の場所やATMの有無も確認しておこう。

● 宿泊場所は事前に手配

小さな島では、宿がわずか数軒で部屋数も少ないことが多い。予約客がいなければ不定期に休業する宿もある。島に宿泊する場合は、事前に予約するのが必須。悪天候などの自然条件で島に渡れない場合には、キャンセル料が発生しないのが一般的。宿により条件は異なるので、予約の際に確認しておきたい。

島のルールには敏感に
島旅の基本・旅行中

● 船酔いにならないために
空腹でも満腹すぎても酔いやすい。乗船の1時間くらい前には食事を済ませておこう。フェリーの場合、中央の後方は揺れが少なく、比較的酔いにくいとされている。船内では歩き回ったり、本やスマホを見続けたりせず、横になって寝てしまうのがいちばん。不安な場合は酔い止め薬を飲んでから乗船しよう。

● 島内移動はどうする？
島では路線バスなどの公共交通機関はあまり期待できない。タクシーはあっても島に数台のみ、あるいは徒歩が基本の島もある。島の規模によって、レンタカーやレンタバイク、レンタサイクルを利用できるところも。小さな島では小回りのきく自転車やバイクが便利だ。信号が少なく、お年寄りが多いなどの島の事情を考慮して、車やバイクは注意して運転したい。

● 海で気をつけたいこと
サンゴやカサゴ、クラゲなど、海には毒を持つ危険生物も多いので注意したい。岸から沖に向かって部分的に強い引き潮が起こる離岸流、サンゴ礁の海で海底に引きこまれやすいリーフカレントなど、命を落としかねない危険な潮流も随所にある。遊泳禁止区域では絶対に泳がず、事故が起きても困らないよう、一人で海水浴やシュノーケリングをしないようにしたい。

● 山・森で気をつけたいこと
登山を行なう場合は、登山届（登山計画書）を提出する。貴重な動植物の宝庫である島では、森で散策する場合も、自然保護のためのさまざまなルールが決められていることがある。八丈島のヘゴの森のように、ツアーガイドの同伴でしか入れない森も多い。森の道路から外れない、動植物を採取しない、ゴミは持ち帰るなどの基本的なマナーもしっかり遵守しよう。

● そのほか島内で気をつけたいこと
住民が日常生活を送っている集落内では、水着や上半身裸で歩かないように気をつけたい。沖縄地方の御嶽のように神聖な場所には、許可なく立ち入らない。キャンプを既定の場所に限定したり、小笠原諸島のように、島の消防・水道設備の関係などからキャンプ・野営が全面禁止の島もある。事前に確認しておこう。

Yellow Page

≫ 離島への便があるおもな航空会社
- ANA（全日空） URL http://www.ana.co.jp
- JAL（日本航空） URL http://www.jal.co.jp
- JTA（日本トランスオーシャン航空） URL http://www.jal.co.jp/jta/
- SNA（ソラシド エア） URL http://www.solaseedair.jp
- VNL（バニラエア） URL http://www.vanilla-air.com/jp/
- HAC（北海道エアシステム） URL http://www.hac-air.co.jp
- JAC（日本エアコミューター） URL http://www.jac.co.jp
- RAC（琉球エアーコミューター） URL http://rac.churashima.net
- NCA（新中央航空） URL https://www.central-air.co.jp
- ORC（オリエンタルエアブリッジ） URL http://www.orc-air.co.jp
- AMX（天草エアライン） URL https://www.amx.co.jp

≫ 離島への便があるおもなフェリー会社
- ハートランドフェリー（利尻島・礼文島） URL http://www.heartlandferry.jp
- 佐渡汽船（佐渡島） URL http://www.sadokisen.co.jp
- 東海汽船（伊豆諸島） URL http://www.tokaikisen.co.jp
- 小笠原海運（小笠原諸島） URL http://www.ogasawarakaiun.co.jp
- 隠岐汽船（隠岐諸島） URL http://www.oki-kisen.co.jp
- 九州郵船（壱岐・対馬） URL http://www.kyu-you.co.jp
- 九州商船（五島列島） URL http://www.kyusho.co.jp
- マリックスライン（奄美諸島） URL http://www.marixline.com
- 八重山観光フェリー（八重山諸島） URL http://www.yaeyama.co.jp
- 石垣島ドリーム観光（八重山諸島） URL http://ishigaki-dream.co.jp
- 久米商船（久米島） URL http://www.kumeline.com

INDEX

あ	青島	愛媛	猫の楽園島	110
	青島	宮崎	海を渡り祈りの島へ	154
	悪石島	鹿児島	島の祭り	158
	英虞湾	三重	海に多くの島が浮かぶ	126
	天草下島	熊本	海を渡り祈りの島へ	146
	奄美大島	鹿児島	透き通る海と輝くビーチ	12
	粟島	新潟	島の名産を求めて	206
	淡路島	兵庫	鮮やかに。花の島	102
	硫黄島	鹿児島	温泉アイランド	81
	壱岐	長崎	島に残る歴史風景	176
	伊計島／宮城島／浜比嘉島／平安座島	沖縄	アートの島	197
	石垣島	沖縄	透き通る海と輝くビーチ	22
	伊豆大島	東京	鮮やかに。花の島	94
	伊是名島	沖縄	島の祭り	159
	厳島	広島	海を渡り祈りの島へ	138
	犬島	岡山	アートの島	195
	伊良部島	沖縄	透き通る海と輝くビーチ	38
	西表島	沖縄	神秘に満ちた森の島	66
	祝島	山口	島に残る歴史風景	184
	因島	広島	鮮やかに。花の島	106
	江の島	神奈川	猫の楽園島	113
	大久野島	広島	ウサギの島	114
	大崎下島	広島	島の名産を求めて	208
	隠岐島後	島根	神秘に満ちた森の島	76
	沖永良部島	鹿児島	鮮やかに。花の島	108
か	加計呂麻島	鹿児島	神秘に満ちた森の島	74
	神島	三重	島の祭り	160
	金華山	宮城	海を渡り祈りの島へ	144
	九十九島	長崎	海に多くの島が浮かぶ	122
	久高島	沖縄	海を渡り祈りの島へ	156
	久米島	沖縄	透き通る海と輝くビーチ	40
	慶良間諸島	沖縄	透き通る海と輝くビーチ	28
	神津島	東京	鮮やかに。花の島	98
さ	佐久島	愛知	アートの島	196

	佐渡島	新潟	島に残る歴史風景	168
	猿島	神奈川	島に残る歴史風景	172
	式根島	東京	温泉アイランド	80
	篠島	愛知	島の名産を求めて	210
	しまなみ海道	広島／愛媛	海に多くの島が浮かぶ	130
	小豆島	香川	島の名産を求めて	200
	塩飽本島	香川	島に残る歴史風景	174
た	竹富島	沖縄	島に残る歴史風景	190
	田代島	宮城	猫の楽園島	112
	種子島	鹿児島	科学の島	198
	父島	東京	透き通る海と輝くビーチ	46
	対馬	長崎	島に残る歴史風景	180
	角島	山口	透き通る海と輝くビーチ	52
	飛島	山形	鮮やかに。花の島	100
な	直島	香川	アートの島	194
	中通島	長崎	海を渡り祈りの島へ	150
	新島	東京	透き通る海と輝くビーチ	50
	能古島	福岡	鮮やかに。花の島	84
は	端島(軍艦島)	長崎	島に残る歴史風景	164
	八丈島	東京	鮮やかに。花の島	90
	母島	東京	神秘に満ちた森の島	62
	姫島	大分	島の祭り	161
	平戸島	長崎	島に残る歴史風景	186
ま	松島	宮城	海に多くの島が浮かぶ	116
	真鍋島	岡山	猫の楽園島	111
	御蔵島	東京	神秘に満ちた森の島	72
	見島	山口	島の名産を求めて	212
	宮古島	沖縄	透き通る海と輝くビーチ	32
	水納島	沖縄	透き通る海と輝くビーチ	44
や	焼尻島	北海道	島の名産を求めて	204
	屋久島	鹿児島	神秘に満ちた森の島	56
	与論島	鹿児島	透き通る海と輝くビーチ	18
ら	利尻島	北海道	神秘に満ちた森の島	70
	礼文島	北海道	鮮やかに。花の島	88

本書の使い方

本書に掲載されている情報は2016年5～6月に調査・確認したものです。出版後に変更になる場合もあります。お出かけの前に最新情報をご確認ください。掲載内容には万全を期しておりますが、本書の掲載情報による損失、および個人的トラブルに関しては、弊社では一切の責任を負いかねますので、あらかじめご了承ください。

● 交通機関の所要時間、本数(便数)は時期や時間帯により変動する場合があります。目安としてご利用ください。

● おすすめの季節・時間は目安です。また、開花時期などは年により変動しますので、事前にご確認ください。

● モデルプランには島周辺の観光地を組み込んでいるものがあります。出発地や季節などにより内容は変動が予想されます。プランニングの参考としてご利用ください。

● 写真は季節や時間帯、撮影場所などにより、訪れたときの風景と異なる場合もあります。

● 本書に掲載した島のデータは、島を所管する各自治体、国土交通省国土地理院、総務省統計局などが発表した資料に基づき作成したものを、各市町村や観光協会の確認のうえ掲載しています。

Photo Credits

絶景事典® https://zkg10.com

P.14：Jorge Hiroki Maeda（https://zkg10.com/hunters/832b5ef8）
P.24：tokizo（https://zkg10.com/hunters/ff922840）
P.41：藤井 薫（https://zkg10.com/hunters/0d221bea）
P.52：Shin-Eye（https://zkg10.com/hunters/dc15fddf）
P.56：Akinobu Emi（https://zkg10.com/hunters/67357384）
P.80：米本 遼平（https://zkg10.com/hunters/32d042d0）
P.113：LYDS KAZ（https://zkg10.com/hunters/609830ad）
P.128：中瀬 雄登（https://zkg10.com/hunters/0ba04e51）
P.152：中山 正寿（https://zkg10.com/hunters/fd32425f）
P.168：ガシマ（https://zkg10.com/hunters/ec7e0e47）

素敵な写真をご投稿いただき、ありがとうございます。
絶景事典は、読者の皆様からのご投稿を引き続きお待ちしております。

写真協力

P.17・158・198：公益社団法人 鹿児島県観光連盟　P.21：ヨロン島観光協会
P.37・39：宮古島観光協会　P.42-43：久米島町観光協会　P.48-49・65：小笠原村観光局
P.53：下関市豊北総合支所地域政策課地域振興係　P.71：利尻富士町観光協会
P.81：公益社団法人 鹿児島県観光連盟　P.87：のこのしまアイランドパーク
P.90-93：一般社団法人八丈島観光協会　P.100：酒田観光物産協会　P.100：酒田市観光振興課
P.101：山形県　P.107：広島県　P.112：石巻市観光課　P.120：宮城県観光課
P.121：松島瑞巌寺　P.125：佐世保市観光コンベンション協会　P.134-135：尾道市観光課
P.153・176-183：長崎県観光連盟　P.159：伊是名島観光協会　P.159：島の風
P.160：鳥羽市観光課　P.160：鳥羽市観光協会　P.161：大分県観光協会
P.170-171：佐渡観光PHOTO　P.172：横須賀市環境政策部公園管理課
P.194：ベネッセホールディングス　P.197：うるま市観光物産協会　P.198：長 勇一朗
P.202-203：小豆島観光協会　P.205：焼尻島観光案内所　P.206-207：粟島観光協会
P.207：新潟県観光協会　P.208：(一社) 呉観光協会　P.211：愛知県観光協会
P.212-213：山口県観光連盟
PIXTA

Creative Commons
P.37『自然の恵み、水が湧き出す井戸「ガー」』photo by Tideline~commonswiki
https://commons.wikimedia.org/wiki/File:Yamato-ga.jpg ⓘⓞ
P.120『嵯峨渓』photo by TANAKA Juuyoh（田中十洋）ⓘ

地球新発見の旅

日本の絶景
島旅
Beautiful Islands in Japan

2016年7月11日　初版第1刷発行

編　者　K&Bパブリッシャーズ編集部
発行者　河村季里
発行所　K&Bパブリッシャーズ
　　　　〒101-0054　東京都千代田区神田錦町2-7 戸田ビル3F
　　　　電話03-3294-2771　FAX 03-3294-2772
　　　　E-Mail info@kb-p.co.jp
　　　　URL http://www.kb-p.co.jp

印刷・製本　加藤文明社

落丁・乱丁本は送料負担でお取り替えいたします。
本書の無断複写・複製・転載を禁じます。
ISBN978-4-902800-62-3　C0026
©2016 K&B PUBLISHERS

本書に収録した地図の作成に当たっては、国土地理院長の承認を得て、同院発行の
数値地図（国土基本図）電子国土基本図（地図情報）、数値地図（国土基本情報）電
子国土基本図（地名情報）及び数値地図（国土基本情報20万）を使用しました。
（承認番号　平28情使、第191号）

本書の掲載情報による損失、および個人的トラブルに関しては、弊社では一切の責任
を負いかねますので、あらかじめご了承ください。